SOUVENIRS

D'UN

EX-OFFICIER

Genève. — Impr. Bonnant, rue Verdaine, 7.

SOUVENIRS

D'UN

EX-OFFICIER

(1812-1815)

PARIS
LIBRAIRIE CHERBULIEZ, RUE DE SEINE, 33
GENÈVE
MÊME MAISON, GRANDE-RUE, 2

1867

A MES AMIS

Que de fois vous m'avez entraîné à vous redire mes vieilles histoires ! Vous savez comme je m'en défendais, et que pourtant, dans certaines occasions, je me laissais aller. Alors, une fois lancé, un récit en amenait un autre ; je revivais dans le passé, je m'animais en vous voyant écouter le cou tendu, j'épuisais presque pour vous ma provision de souvenirs de guerre, et ils vous semblaient si intéressants que vous vouliez absolument que je les misse par écrit. J'ai toujours refusé, et cela pour deux raisons, dont une au moins est excellente. C'est d'abord qu'il y a une immense différence, pour des récits de soldat, à les entendre sortir de la bouche de l'acteur lui-même, qui leur donne une espèce d'actualité vivante, ou à les retrouver immobiles et refroidis sur le papier ; c'était ma première raison. Quant à la seconde, je vous dirai naïvement son nom, c'est la paresse.

Eh bien, je veux vous faire une surprise: je prends la plume pour écrire les *Souvenirs d'un ex-officier*. Rangez-vous donc autour de moi, que je vous les raconte de nouveau.... Pure imagination de ma part, c'est vrai, puisque je suis seul dans mon cabinet; mais j'ai besoin, pour me soutenir dans mon entreprise, de me croire encore entouré de votre auditoire bénévole.

Et savez-vous ce qui m'a inspiré ce projet et m'a imprimé cet élan inattendu? C'est que je viens de lire les deux volumes de M. Thiers sur 1813. Son récit m'a complétement grisé; il m'entraînait haletant à sa suite, tant il me paraissait vivant, détaillé, exact. Non-seulement je l'accompagnais, mais c'est lui aussi qui m'accompagnait partout, et il m'a si bien côtoyé durant toute cette campagne que je croyais toujours qu'il allait me nommer. Il ne l'a pas fait. Mais que de choses il m'a rendues présentes, que de circonstances il m'a rappelées, précisées, confirmées! A ce point même qu'il a rétabli comme réels, certains faits que je croyais avoir rêvés; j'en donnerai un exemple, si j'arrive au bout de mon histoire.

J'ai de plus sous les yeux mes lettres de l'armée, et tout particulièrement ces deux longues relations, l'une de la campagne de Leipzig, l'autre de celle de Waterloo, qui, parvenues tour à tour à Genève, peu de semaines après les événements, y excitèrent un intérêt fort naturel à cette époque : vous vous souvenez peut-être avec quelle activité les copies en circulaient dans notre ville. Au moyen de cette tradition écrite, base première et solide de cette tradition orale qui s'est fixée peu à peu dans ma mémoire par tant de récits répétés, je puis suivre mes traces dans ce lointain passé, plus sûrement et même plus minutieusement que je ne pourrais le faire pour des époques bien plus récentes de ma vie.

Or, pour commencer à user de mes documents primitifs, j'ai bien envie de transcrire ici les pages que j'écrivais en novembre 1815, à la demande aussi de quelques amis (qui, hélas ! pour la plupart ne sont plus). Après une petite mise en scène où ils avaient leur rôle, je leur racontais les débuts de ma carrière militaire, c'est-à-dire mon voyage à Paris, mon séjour à l'école de Saint-Cyr, et les allures d'un jeune officier allant rejoindre son corps à Magdebourg. Ce vieux récit, remis au jour, faciliterait beaucoup ma tâche, car c'est un grand secours, comme on sait, pour un auteur, que d'avoir déjà quelque chose de fait.

Toutefois, j'éprouve bien quelques scrupules à soumettre, même à des lecteurs amis, cette élucubration juvénile, dont le style et les idées offriront parfois d'assez piquants contrastes avec ma situation présente. Je vous demande donc instamment de ne pas oublier quelle jeune plume rédigeait ce que vous allez lire, car alors vous pardonnerez sans doute à l'officier de vingt ans ce que vous ne comprendriez plus chez le vieillard.

Ceci entendu, je vous livre tel quel mon *manuscrit d'il y a cinquante ans.*

Genève, décembre 1865.

I

UN MANUSCRIT

D'IL Y A CINQUANTE ANS

UN MANUSCRIT

D'IL Y A CINQUANTE ANS

C'était un soir du mois de novembre. De retour au pays depuis quelques semaines seulement, je me trouvais momentanément retenu dans ma chambre par une légère blessure qui s'était rouverte. Quelques amis, qui se plaisaient à visiter leur ancien condisciple, venaient de me quitter et m'avaient laissé livré à d'assez tristes réflexions dont ils étaient la cause innocente. En effet, ils ne m'avaient parlé que des fêtes patriotiques qu'ils avaient vues et de celles qui se préparaient. Leurs descriptions étaient émouvantes. Avec quel feu ils me dépeignaient ces joies d'un peuple libre qui célèbre sa liberté retrouvée! Quel enthousiasme partout! s'écriaient-ils; quelle foule immense! que d'aimables citoyennes! que de beaux grenadiers! Mais le bal!... ce mot charmant pétillait dans leurs yeux et semblait éveiller bien des souvenirs et des espérances.

Demeuré seul, je me mis naturellement à broyer du noir, maudissant la cause qui me retenait enchaîné comme Tantale à deux pas de ces plaisirs et de ces émotions, que j'étais si disposé à partager. Etre privé du bal pendant tout un hiver peut-être, c'est le prisme à travers lequel j'envisageais le monde. *Tristes belli fructus,* m'écriai-je: voilà donc les fruits de la guerre. Et ils veulent encore que je me replonge dans d'affreux souvenirs, que je parcoure de nouveau des scènes de misères et de sang pour les leur raconter,... barbares amis!

Heureusement que mon cerveau ne peut pas rester longtemps tendu de noir, et fatigué de m'attrister, je résolus d'essayer de faire ce qu'on me demandait, ne fût-ce que pour me distraire de mes ennuis. Voyons, me dis-je, si, en fouillant dans les archives de ma mémoire, je n'y trouverai pas des choses curieuses et intéressantes. Sans doute j'y trouverai aussi des sensations douloureuses, mais qu'importe? puisque le souvenir d'une douleur qui n'est plus devient presque une jouissance. Il y a du vrai dans ce qu'on dit: « La guerre est une belle chose quand on en est revenu. »

Si tôt dit, si tôt fait, je pris la plume, rêvai un peu et commençai ainsi :

CHAPITRE Ier

Je vais à Paris

En 1812, j'avais sans doute oublié depuis longtemps cet amour des sabres de bois et des bonnets de papier qui, dès mon enfance (comme pour tous les grands hommes), avait annoncé ma vocation future. Mais alors diverses circonstances, parmi lesquelles se placeraient peut-être des examens manqués, contribuèrent à tourner mes pensées vers la carrière militaire, et je résolus de solliciter mon entrée à l'Ecole de Saint-Cyr. C'était une grâce plus facile à obtenir que je ne le croyais; de telles demandes n'offraient rien de désagréable au gouvernement impérial. Outre la pension assez copieuse qu'il retirait des élèves payants, il avait l'avantage d'alimenter ainsi une pépinière de jeunes officiers bien disposés.

Ma détermination se trouva pourtant combattue par un compatriote tout récemment revenu de cette Ecole; il en rapportait une maladie de poitrine qui le conduisit rapidement au tombeau et qu'il attribua toujours au régime qu'on y subissait. Quels furent mes motifs pour résister à ses conseils? Hélas! ils n'étaient pas très-raisonnables, je le crains. L'insouciance de l'âge, de vagues espérances d'avenir (je n'ose pas dire l'amour de la gloire) en formaient la partie la plus présentable, et au fond, je me sentais influencé par notre penchant national à voir du pays, peut-être même, s'il faut l'avouer, par le plaisir de porter l'uniforme : *Vanitas vanitatum*. Aveuglé sur tout le reste, je n'envisageais que le moment présent. Que me parlait-on de peines, de privations? C'est un voyage que je voyais d'abord, et un voyage à PARIS. L'Ecole militaire et son régime ne m'apparaissaient que comme un point au bout d'un immense horizon. Que de temps, que d'incidents avant d'y être!

Cependant, par suite de ma requête, j'avais été appelé à subir un examen (fort peu redoutable, il faut le dire) devant la commission préfectorale instituée à cet effet, et le résultat en avait été envoyé au ministre de la guerre. J'attendais donc avec une certaine anxiété, car bien des gens prétendaient qu'on ne daignerait pas même me répondre, d'autant plus que je n'avais pas encore les 18 ans requis pour l'admission. Mais, un jour, je reçois une pancarte magnifiquement imprimée (je la possède encore), ornée d'un très-bel écusson aux armes impériales, et dans laquelle je lis que NAPOLÉON, EMPEREUR DES FRANÇAIS, ROI D'ITALIE, PROTECTEUR DE LA CONFÉDÉRATION DU RHIN, MÉDIATEUR DE LA CONFÉDÉRATION SUISSE, me nomme, par son décret du 9 août 1812, élève pensionnaire à son Ecole spéciale impériale militaire de Saint-Cyr. Signé : DUC DE FELTRE. — Je fus ému. Quoi ! le ministre de la guerre m'écrit ? Il s'est occupé de moi ? Quel honneur et quelle perspective ! Ah ! partons bien vite, gardons-nous de le faire attendre.

Je ne tardai pas, en effet ; j'avais reçu mon ordre le mercredi soir, le vendredi matin j'étais en route.

Quelle aubaine qu'un voyage de 120 lieues pour le jeune homme qui n'a jamais perdu de vue le clocher de son village ! Je crois le voir regardant avec avidité tous les objets qui se succèdent, et qui lui paraissent curieux par cela seul qu'il ne les a jamais vus. Chaque arbre, chaque rocher qu'il rencontre lui semble avoir un air étranger, et il n'a pas dépassé la montagne qui jusqu'alors borna son horizon qu'il va ouvrant de grands yeux, s'attendant à voir des merveilles. Si je n'étais pas tout à fait ce jeune homme, j'en approchais de bien près.

De plus, j'étais dans tout l'enivrement d'un

premier départ, de celui qui nous ouvre les perspectives d'une nouvelle destinée, perspectives toujours si brillantes à dix-huit ans. Mes rêves se coloraient de la même teinte de rose que l'aurore commençait à répandre sur nos alentours, sur ces lieux aimés où je viendrais, pensais-je, chercher le glorieux repos qui devait couronner ma carrière : *otium cum dignitate.* Toute cette contrée amie semblait s'émouvoir en ma faveur et me promettre le plus heureux avenir. Les oiseaux m'encourageaient de leurs chants, un air frais et pur, descendu de nos Alpes, venait caresser mon visage, et notre bon Léman lui-même, flatté de voir un de ses enfants sur le chemin de la gloire, semblait m'accompagner de ses vœux. Je parcourais ainsi le charmant pays des illusions, quand le jurement des postillons qui changeaient de chevaux vint m'arracher à de si douces rêveries.

Je rentrai donc dans le monde réel, et mon attention se porta toute entière sur mes compagnons de voiture. C'était le moment où finit la somnolence du matin et où chaque voyageur cherche à connaître ceux avec lesquels il va former, pendant quelques jours, une liaison à la fois si intime et si éphémère. D'abord on parla très-peu; on s'examinait, on se tâtait pour ainsi dire, et ce ne fut guère qu'après la dînée que la conversation s'anima et devint générale.

Il faut attendre, en effet, qu'on se soit dépouillé

peu à peu de l'atmosphère de défiance dont on s'était enveloppé, et ce n'est qu'après que ce brouillard est dissipé qu'on peut se flatter de faire de véritables observations. Mais alors, qu'elles sont faciles et curieuses ! Une voiture publique est un composé si étrange d'éléments hétérogènes, les combinaisons qui s'y forment sont si variées, si originales, que je m'imagine qu'un homme qui passerait sa vie dans le caisson d'une diligence connaîtrait tout aussi bien son monde que celui qui l'observe au dehors.

Connaître le monde, c'était là mon ambition. Cette science, toute neuve pour moi, me paraissait devoir être pleine d'attraits et féconde en charmantes découvertes. Je me croyais même une disposition spéciale à l'acquérir, tant j'étais avide de voir et d'apprendre. Il faut avouer pourtant que la place que j'occupai d'abord, quoique très-avantageuse au mois d'août pour l'agrément du voyage, le devenait très-peu pour un rôle d'observateur. Le défaut d'espace et la date de nos inscriptions nous avaient relégués, un autre jeune homme et moi, dans le cabriolet de devant, où nous formions une espèce de colonie, et ce ne fut d'abord qu'à travers le guichet que je pus prendre part aux affaires de la métropole. Il est vrai que le soir même je fus complétement agrégé à la société, où je jouai mon rôle comme un autre. J'en pourrais tirer quelques scènes intéressantes ; mais, pour abréger, je me contenterai d'indiquer les personnages qui agissaient.

Nous étions six dans la voiture. Au fond, à droite, la place d'honneur était occupée par une personne qui, durant le voyage, devait exercer sur moi une influence que je pressentais déjà. Une charmante figure, seize ans, la candeur d'un enfant, voilà ce qui frappait d'abord les regards. Quelques-uns prétendent que sous cette apparence se trouvaient, comme par antithèse, vingt ans et plus, assez d'usage et beaucoup de coquetterie. Je n'en veux rien croire, et je m'en remets là-dessus au jugement de ceux qui l'ont connue à Genève; ils sont nombreux, car, pendant son séjour parmi nous, Mademoiselle *** attira souvent sur elle l'attention des hommes et la critique des femmes. Cela prouve seulement, me dira-t-on, qu'elle était jolie et qu'elle cherchait à plaire. Hélas! à qui le dites-vous? Je fus une de ses victimes.

Son père, assis près d'elle, occupait ainsi le milieu du banc. Il nous apprit qu'il allait en Hollande prendre possession d'une place dans la même administration, mais plus avantageuse que celle qu'il remplissait depuis quelques années dans notre ville.

A sa gauche, se trouvait une dame d'une trentaine d'années, très-élégamment mise et parfaitement conservée. Ses yeux fort beaux et pleins de vivacité ne se baissaient pas facilement et semblaient défier leur admirateur. Elle était, à ce qu'elle nous dit elle-même, femme d'un officier supérieur, et allait à Bagnères rejoindre son mari blessé. Cette vieille fable, si c'en était une, ne trompa sans doute que moi, mais j'avais trop peu d'intérêt à savoir la vérité pour chercher beaucoup à la connaître.

Vis-à-vis d'elle, et sur le devant, se trouvait un Italien de la plus belle figure, si une figure pouvait être belle sans âme qui l'anime. C'était un type dans le genre grec; une barbe noire et bien dessinée aurait donné à son visage une admirable expression, si, dans ses yeux à fleur de tête, on avait pu voir briller le feu du génie. Mais hélas! c'était le buste de Lafontaine: « Belle tête, de cervelle point. » Concentré dans sa beauté, roide et froid comme le marbre dont on l'eût dit taillé, il agissait toujours comme s'il eût craint de se rompre. On eût dit une statue antique qu'on envoyait à Paris par la diligence. Il pouvait pourtant s'exprimer en français, mais le peu qu'il disait faisait regretter qu'il eût parlé.

Tout à côté de lui se voyait son contraste parfait. C'était un Parisien, et l'on aurait vainement cherché ailleurs une plus complète dissemblance. Sur un corps maigre et long, s'élevait une petite tête qui semblait avoir trouvé le secret du mouvement perpétuel. De cette tête sortait un flux de paroles qui pouvait raisonnablement suffire pour deux, si ce n'est davantage, mais, étant placé à côté de l'Italien, l'équilibre de la conversation se trouvait assez bien maintenu sur ce côté de la voiture. Si cet homme parlait beaucoup, du moins il parlait quelquefois bien, et au total il était cent fois préférable à son taciturne voisin. Une manie assez fréquente parmi ses compatriotes ne le rendait que plus amusant : c'est le religieux mépris qu'il professait pour la province. Dans sa passion de relever ce qui se fait à Paris aux dépens de ce qui ne s'y fait pas, il nous gratifiait parfois des remarques les plus grotesques et qui nous faisaient faire de bons rires, ce dont, du reste, il ne s'offensait nullement, car il était bon compagnon.

La dernière place était occupée par un vieux capitaine qui se retirait du service avec une petite pension. Il allait la manger dans un village de Lorraine où il avait reçu le jour, et il comptait bien, disait-il, en boire une bonne partie, si ses *gueux de parents* n'avaient pas encore achevé de lui gruger son patrimoine. C'était le vis-à-vis de Mademoiselle ***, et il faut avouer qu'elle aurait pu être mieux partagée, car les soins et les attentions du vieux militaire étaient bien plus pour sa pipe que pour sa voisine. Du reste, il nous quitta dès la fin du premier jour, et, sa place me revenant par droit d'inscription, je ne fus pas long à m'y installer.

Ce fut avec un bien vif plaisir, comme on peut croire, que je me trouvai enfin agrégé à la société principale; j'aurais voulu voir durer toujours ce bienheureux voyage. La variété des incidents, les discussions originales, les conversations curieuses et parfois intéressantes que faisait naître dans notre voiture le jeu des caractères, des positions et des sentiments de chacun, chassaient bien loin de nous l'ennuyeuse monotonie. Nos dîners et nos soupers devenaient souvent de véritables comédies. Que ne puis-je vous les reproduire ici! Elles vous intéresseraient, je n'en doute pas, mes amis, surtout pour la part qu'y prenait certain soupirant novice, qui tantôt se trouvait dans les nues, tantôt au fond des abîmes, sans pouvoir dire précisément pourquoi : car vous savez que dans ces sortes de cas, les effets énormes sont produits par des riens. Mais tout cela m'entraînerait trop loin, et je laisse à votre imagination, ou plutôt à votre expérience, le soin de combler cette lacune de mon histoire.

Je ne laissais pas pourtant de noter avec soin le nom des lieux que nous traversions, surtout quand je pouvais y rattacher quelque souvenir historique ou littéraire, et je les considérais alors avec une attention respectueuse. Bien des villes déjà, Dôle, Auxonne, Dijon, Montbard, patrie de Buffon, Tonnerre, Sens, Joigny, avaient à divers titres excité mes sympathies; mais ce fut en traversant la forêt de Fontainebleau que je me sentis saisi d'un puissant retour vers le passé.

Ces arbres antiques m'inspiraient une sorte de

vénération. Que d'événements glorieux ou criminels, retentissants ou inconnus, que de joies et de misères s'étaient écoulés devant ces impassibles témoins des passions et des grandeurs humaines! Que de souverains avaient respiré sous leur ombre! Je croyais entendre résonner au loin les chasses des rois de France, je croyais voir encore, seul et s'essuyant le front, le bon Henri égaré et craignant d'être grondé par Sully,.. je ne vis qu'une voiture aux armes impériales qui passait avec la rapidité de l'éclair. Qui eût dit alors que c'était l'emblème de la chute du maître?

Nous arrivâmes enfin aux portes de Paris. Depuis longtemps j'avais tenu la tête hors de la voiture, et à chaque bourg que nous traversions, je demandais toujours: Est-ce là Paris?

On sait que les environs de la capitale sont généralement bien bâtis; la propreté des rues, les jolis châteaux qui se succèdent, une population nombreuse et animée leur donnent un grand air d'agrément et de vie. Aussi mes présomptions en faveur de Paris s'augmentaient considérablement, car enfin tout cela n'était pas Paris. Si les villages sont ainsi faits, me disais-je, que sera-ce donc de la capitale? Toutefois, ma position devenant fatigante, je rentrai dans la voiture. Quelques instants après, je sentis une odeur désagréable que je ne connaissais pas encore, et quoique le ciel fût très-pur en ce moment, le jour devint tout à coup très-sombre. Etonné de ces phénomènes, je regarde. Nous étions dans une rue étroite, sale et tortueuse : c'était Paris.

Il est donc vrai qu'on ne peut entrer une première fois dans cette capitale sans éprouver une pénible surprise. On a entendu vanter la grandeur de ses places, la beauté de ses monuments, on s'attend naturellement à de larges et belles rues ; quelle erreur, et quel contraste entre les faubourgs infects de Paris et l'éclat de son nom !

Cependant je ne laissais pas de regarder avec avidité tout ce qui se présentait, car enfin c'était Paris. Me voilà donc dans cette ville fameuse, théâtre de tant d'événements et de révolutions qui ont préoccupé le monde ou qui le préoccupent encore. Tout ce que j'ai lu de plus émouvant sur l'ancienne monarchie, sur les saturnales sanglantes de 93 et sur les scènes grandioses de l'Empire, tout cela s'est passé ici, ici même, dans les lieux que je parcours maintenant. Est-il dans cette vaste enceinte une rue, je dirais presque une borne qui n'ait des droits à l'histoire? Quelle moisson pour moi, l'homme aux souvenirs, si j'avais eu un cicerone ! N'en ayant point, il ne me restait qu'à regarder de tous mes yeux et de tout mon cœur, bien sûr que dans ce qui passait devant moi je ne pouvais manquer de voir des endroits fameux.

Nous roulâmes ainsi pendant plus d'une heure, et Paris durait toujours. Enfin une grande cour se présente, la voiture s'y arrête, notre voyage était fini. Il avait duré cinq jours.

Mais que vous dirai-je de la séparation qui s'ensuivit? Elle fut cruelle sans doute. Heureusement qu'il me parut que mon désespoir n'était pas suffisamment partagé, et grâce à cette circonstance, ainsi qu'aux préoccupations qui suivirent, il se dissipa assez promptement: je n'en fus pas trop incommodé.

Un quart d'heure s'était à peine écoulé que chacun avait tiré de son côté, et j'aurais été subitement transporté aux antipodes que je n'aurais pas été mieux séparé de mes compagnons de voyage, déjà perdus dans l'immensité de Paris. Je me trouvai donc seul sur le pavé, mon petit paquet à la main, et un air assez embarrassé sur la figure. Je m'approchai modestement d'un garçon d'emballage qui faisait le gros dos, et je le priai de m'indiquer une auberge. Conduisez Monsieur à l'hôtel, dit-il à un petit garçon qui se trouvait là. Aussitôt mon petit homme prend mon paquet et me dit de le suivre; je le suivis en effet, mais d'un air pensif. Cet *hôtel* me chiffonnait; j'avais assez d'argent pour vivre quelques jours à Paris en honnête bourgeois, mais un hôtel! (Je ne connaissais pas encore la valeur des termes.) Je fus bientôt rassuré en voyant une maison d'assez mince apparence où mon guide me fit entrer; c'était l'hôtel de la *Providence*. Ce nom me parut de bon augure; hélas! j'en avais tant besoin, moi chétif, pour passer sans encombre dans cette périlleuse capitale le peu de temps que je pouvais lui donner.

Cependant, je dois le dire, je fus plus heureux sous ce rapport que je n'aurais osé l'espérer, d'après les tableaux effrayants qu'on m'avait faits des dangers que court un provincial à Paris. Il ne m'arriva pas le moindre accident fâcheux, ni même ridicule (ce qui eût été bien pis). Et pourtant j'allais partout, aux Tuileries, aux spectacles, dans les jardins, dans les palais ; j'étais continuellement en course, et, je puis l'attester, sans avoir perdu seulement un mouchoir.

Au bout de quelques jours, je me déterminai à partir pour plusieurs raisons, dont la meilleure était que je commençais à manquer d'argent. Je résolus donc de me rendre à Saint-Cyr, persuadé d'avoir bien vu Paris, puisque je m'y étais si bien promené. Je pris la voiture jusqu'à Versailles ; puis, comme Saint-Cyr se trouve encore à trois quarts de lieue plus loin, je me mis pédestrement en route pour joindre enfin cette fameuse Ecole militaire, objet maintenant de plus de craintes que de désirs. Je traversai pour m'y rendre le magnifique parc du grand roi. Mais ses bosquets et ses pièces d'eau ne parvinrent pas à me tirer des réflexions où j'étais plongé.

Il était donc franchi, cet intervalle qui m'avait d'abord semblé immense, il était franchi et les choses m'apparaissaient alors bien moins brillantes qu'autrefois. Ma trop complaisante mémoire me rappelait tout ce que je n'avais pas voulu croire de ce redoutable séjour. — J'allais donc m'enfermer dans cette prison qu'on prétendait un repaire de sauvages et de bourreaux, et m'y enfermer pour deux ans! A cette pensée, mon imagination s'assombrissait toujours plus, et je me sentais sous le poids d'une terreur secrète. Funeste pressentiment qui ne devait que trop se vérifier.

J'aperçus enfin quelques misérables maisons éparses sur la route: c'était le village de Saint-Cyr. La solitude, le silence, l'air contraint de quelques habitants qui semblaient se faufiler dans la rue, tout serrait le cœur dans ces lieux. Je demandai à un paysan où était l'Ecole militaire. Là-bas, me dit-il, tournez à droite; — et je crus lire dans son regard la pitié que je lui inspirais. Je tournai à droite et je vis l'Ecole.

J'avais vu des hôpitaux, j'avais vu des prisons, mais hélas! je n'avais pas vu Saint-Cyr. Une haute et longue muraille, noircie par le temps, arrêtait tout d'abord les regards; c'était l'enceinte extérieure de l'ancien couvent. Quelques peupliers montraient au-dessus leurs têtes mouvantes, et laissaient apercevoir une longue suite de fenêtres grillées, donnant le jour aux étages les plus élevés d'un vaste et sombre bâtiment. Par de là, une succession de toits grisâtres faisait deviner une succession d'autres bâtiments semblables au premier. Le plus profond silence règnait partout; on n'entendait que le bruissement du vent dans les mansardes.

Je m'approche d'une porte placée sous une espèce de voûte, et je frappe en soupirant. On ouvre; je demande à parler au général. Suivez-moi, répond le porte-clefs. Nos pas retentissaient dans une vaste cour, et l'herbe qui croissait entre les pierres attestait assez qu'elle était peu fréquentée. Nous arrivons à une seconde porte, sous une seconde voûte, qui nous introduit dans une seconde cour aussi vaste que la première, mais paraissant plus habitée. Cependant, ce qui ne m'étonnait pas peu, rien n'annonçait encore des élèves.

Mon guide me fit entrer dans un pavillon à droite, où se trouvaient les bureaux et l'appartement du général. Quelques militaires écrivaient silencieusement sur leurs registres. Je leur présente mes papiers; l'un d'eux les examine, et me fait subir un examen d'un quart d'heure, après lequel il m'annonce que je suis admis. Celui qui m'avait interrogé était un capitaine du génie, de la figure la plus douce et du ton le plus aimable. Ses paroles me firent grand bien; il me semblait être encore rattaché par lui à la société civilisée. Très-probablement ses manières à mon égard furent comme un reflet de l'agréable surprise que mon examen lui avait causée; j'avais fait ma division sans faute, et je savais mes deux premiers livres de Legendre ! Il n'était pas habitué à des candidats de cette force. [1]

Mais bientôt arriva un second porte-clefs, chargé de m'introduire dans le sanctuaire. Nous sortîmes ensemble; je jetai un regard attendri vers le côté par où j'étais venu, et je marchai tristement vers la porte énorme qui fermait la troisième voûte.

L'habile geôlier avait déjà tourné ses clefs dans deux serrures, et, tenant la porte entr'ouverte, il me faisait signe. Je pose avec émotion le pied sur le seuil, mon cœur se serre,... mais la porte roule derrière moi et retombe avec bruit. Je suis dedans !

[1] Si l'on se rappelle quel était l'avenir de la jeunesse à cette époque, et quelle puissance avait acquise cet aphorisme cher à la paresse: J'en saurai toujours assez pour me faire tuer, on s'expliquera pourquoi il se présentait à Saint-Cyr tant d'ânes renforcés. Aussi d'ordinaire, après un premier examen, les envoyait-on en préparer un second dans une certaine institution *Lavigne* à Versailles; institution, du reste, dont le régime jouissait d'une très-pauvre réputation parmi les élèves. A en croire ceux qui y avaient passé, c'était « un purgatoire conduisant à l'enfer. »

CHAPITRE II

L'École militaire

A peine entré, et sans apercevoir encore personne, j'entends mille cris s'élancer de toute part : *Un conscrit! un conscrit!* — Je lève les yeux, et me vois au milieu de quatre bâtiments dont les innombrables fenêtres sont garnies d'élèves. Grimpés les uns sur les autres, ils cherchaient à passer à travers les barreaux leurs maigres figures pour faire mieux retentir ce cri dans les airs : Un conscrit ! un conscrit ! Je me demandais avec étonnement quelle était la cause de telles clameurs. Etait-ce donc un événement extraordinaire que l'entrée d'un élève à l'école? Hélas ! non ; mais c'était une distraction, et une distraction est précieuse pour des prisonniers.

Que d'expressions variées dans toutes ces têtes tournées de mon côté ! Je lisais sur le visage de la plupart le désir de m'effrayer, comme s'ils se fussent sentis soulagés en voyant un être plus malheureux qu'eux. Quelques-uns, sans rien dire, attachaient sur moi un regard sombre et hagard : tel était sans doute le regard des prisonniers pendant la Terreur, à l'arrivée d'une nouvelle victime. L'habit bourgeois que je portais encore semblait fixer leur attention, et je croyais voir leurs mains serrer les grilles des fenêtres.

Cependant un employé vint à ma rencontre et me fit entrer dans le bâtiment du fond, où se trouvait l'*Economat*, c'est-à-dire le lieu où les élèves sont équipés. La salle était remplie d'habits à toute taille : je dis à toute taille, non pas qu'il y eût beaucoup de différence dans les dimensions, mais parce qu'on les mettait indifféremment à tout le monde ; le tailleur n'était pas sévère et, à trois pouces près, il habillait parfaitement. Après m'avoir fait passer derrière un rideau, il s'approcha d'une pile et choisit le premier habit venu, en fit de même pour la culotte, et m'apporta le tout, qui, par un hasard heureux ne m'allait pas trop mal. Je fus bientôt complétement habillé ; j'avais des bas bleus, une petite culotte bleue, un grand gilet bleu, un habit bleu avec un bonnet bleu, et je n'eus pas mis quatre fois ces agréables vêtements que toute ma personne devint de la même couleur.

Je sortis enfin de derrière le rideau, roide comme un pieu et avec la véritable tournure d'un conscrit habillé de neuf; puis, sous la conduite d'un sergent, je montai dans la caserne. Il n'y avait personne dans les dortoirs, ce qui me soulagea, car la réception que m'avait faite ces messieurs ne m'avait pas inspiré un vif désir de les revoir. Mon guide m'expliqua que l'heure de l'étude ayant sonné, tout le monde était en classe et que je ne reverrais mes nouveaux camarades que dans quelques heures. Il me montra mon lit, et à côté une espèce de coffre pour mettre mes effets; après quoi il retourna à son poste, me laissant la liberté de me livrer à mes réflexions.

Elles n'étaient pas gaies. Assis sur mon coffre, je regardais avec un certain effroi l'étrange demeure qui était devenue la mienne. Située au second étage de l'une des aîles du bâtiment de l'Ecole, elle en occupait toute la longueur et servait de dortoir à l'une des compagnies du bataillon de Saint-Cyr, celle à laquelle j'appartenais maintenant. Tout autour de cette immense salle, parquetée en briques, se développait une longue file de lits, une centaine au moins, et chacun d'eux appartenait sans doute à un de ces êtres inhospitaliers, si peu disposés à rassurer un pauvre conscrit, comme ils m'appelaient.

Tout m'oppressait dans ce lieu, jusqu'au morne silence qui y règnait alors. De quelque côté que je jetasse les yeux, je ne voyais que des signes de servitude. Un alignement inexorable, un arrangement minutieux, une rigoureuse symétrie dans les plus petits objets, indiquaient assez que rien ne se faisait ici que selon une règle fixe et sous des maîtres sévères. Si je cherchais le ciel à l'horizon, je rencontrais les barreaux des fenêtres et, plus loin, les hautes murailles de ma prison. Moi-même je me regardais avec étonnement dans mes nouveaux habits ; parfois je croyais rêver, mais la crainte de mes impitoyables camarades me rappelait bientôt à la réalité.

Trois heures s'étaient ainsi lentement écoulées, lorsqu'un grand bruit m'annonça l'instant redouté de ma comparution. Si vous avez pu voir un pauvre ramoneur que l'ignorance ou une indiscrète curiosité a conduit dans la cour du collége à la sortie des classes, vous aurez l'idée de ma situation. Si l'on ne me huait pas, il ne s'en fallait guère, et, du reste, on s'égayait fort librement sur ma tournure et mon air de conscrit. Ces messieurs faisaient de l'esprit à qui mieux mieux ; quelques-uns même ne s'en acquittaient point mal, et en tout autre moment, j'aurais volontiers ri avec eux, mais les autres, par des paroles brutales, ramenaient bientôt la tristesse dans mon cœur. Ma tête n'était plus guère à moi, quand tout à coup un roulement de tambour se fit entendre ; tous me quittèrent alors en criant : A la gamelle ! — Conscrit, me dit l'un d'eux, je suis votre caporal; suivez-moi, vous mangez dans mon escouade. — Allons, me dis-je en soupirant, allons *à la gamelle*.

Il me serait bien difficile de me suivre moi-même durant ces premiers moments de trouble et d'angoisse. Toutes mes sensations ne m'arrivaient que comme à travers un brouillard ; complétement apathique, je faisais ce que faisaient les autres, sans réfléchir et comme une pièce de mécanique obéit au ressort qui la pousse. Je finis sans doute par me familiariser avec mes nouveaux camarades, mais je conservai toujours une sombre disposition, qui, du reste, nous était commune à tous, parce qu'elle était l'atmosphère permanente de l'Ecole. Ce qui améliora surtout ma position, ce fut la bienheureuse rencontre que je fis, dès le lendemain de mon arrivée, d'un protecteur important, et sans lequel mes souffrances auraient été tout autrement grandes.

En principe, le bataillon de Saint-Cyr était commandé par d'anciens officiers qui trouvaient là une honorable retraite. Mais, au-dessous d'eux, il y avait des caporaux et des sergents pris parmi les élèves les plus anciens ou les plus protégés. Ce grade de sergent revêtait un élève de l'autorité la plus imposante et la plus redoutée parmi nous, parce que, seule, elle s'exerçait jour et nuit et presque sans contrôle, les officiers ne mangeant ni ne couchant à la caserne. Or j'eus l'ineffable bonheur de rencontrer un sergent de Genève qui m'accueillit et me fit entrer dans sa société, et dès lors, quoiqu'il n'appartînt pas à la même compagnie que moi, je me trouvai à l'abri de beaucoup d'incombances fâcheuses.

Ce sergent s'appelait Fournier ; il était de Gex, et nous nous étions connus au collége. En me faisant entrer dans une société, il me sauva du plus grand malheur qui pût m'arriver à l'Ecole, où je ne connaissais personne. Car, si un seul jour je me fusse promené seul, je tombais immédiatement dans une situation déplorable, et vous verrez bientôt pourquoi. Notre société, très-peu nombreuse, ne se composait que de cinq elèves : deux de Narbonne (neveux, je crois, du célèbre diplomate), d'Hédouville, Fournier et moi.

On vient de voir que mon *compatriote* Fournier était de Gex, mais j'ai rencontré, durant ma vie militaire, bien des Genevois qui ne l'étaient pas plus que lui. On me disait parfois : Hé ! vous êtes de Genève? nous avons un camarade de chez vous. Et il se trouvait que l'un de ces camarades était de Rumilly, un autre de Thonon ou d'Annecy, etc. Ces messieurs, du reste, n'y mettaient point de malice, ils préféraient seulement indiquer pour leur lieu d'origine un nom très-connu. D'ailleurs le titre de Genevois ne faisait point déroger, au contraire, il était très-bien porté.

Celui de mes camarades avec lequel je m'étais

le plus intimement lié, était d'Hédouville, garçon d'esprit et du plus aimable caractère. Nous nous trouvions de la même escouade, et il m'avait témoigné dès l'abord quelque sympathie. C'est lui qui, apprenant que j'étais de Genève, avait averti son co-sociétaire le sergent de l'arrivée d'un compatriote. C'est à lui que je devais les instructions indispensables dans un séjour où tout n'était que préjugés et chicanes. C'est avec lui et nos trois amis que je partageais les tristes heures de *récréation* pendant lesquelles on nous ordonnait de nous promener en rond dans la cour, car nous n'avions pas même le choix de rester à la caserne.

Quelque temps après mon arrivée, par un beau dimanche, nous nous trouvions ensemble au *Champ de Mars*. C'était une vaste prairie réservée pour les grandes manœuvres et pour les récréations des jours de fête. Enclose de murs de toute part, elle ne présentait pas plus que la caserne les moyens de s'évader; mais, spacieuse et champêtre, elle offrait du moins un fantôme de liberté. On aimait à s'y étendre sur l'herbe, et à y rappeler des souvenirs rendus plus chers par la situation présente. J'interrompis notre causerie rétrospective par des plaintes amères sur l'esprit qui règnait à l'Ecole. Il est déplorable, me dit mon camarade, mais il est la conséquence d'une séquestration trop absolue. Nous sommes des cloîtrés, et nous en avons pris l'esprit sombre et étroit. Il vous sera utile de vous en faire une juste idée. Ecoutez-moi. [1]

« Ces préjugés, ces usages barbares ou ridicules qui étonnent et frappent si désagréablement les nouveaux venus parmi nous, sont un héritage du passé; c'est la *tradition des anciens*, tradition non écrite, mais qui n'en exerce pas moins la plus indomptable puissance. Chaque nouvelle génération d'élèves souffre et gémit plus ou moins longtemps d'un tel ordre de choses, puis, au bout de quelques mois et surtout d'une année ou deux, elle l'approuve et en devient fanatique. Elle passe ainsi dans cette aristocratie féodale qui tyrannise l'Ecole sous ce nom redouté : LES ANCIENS.

« Vous avez remarqué l'étrange convention qui nous contraint, pendant les heures dites de récréation, à tourner par bandes dans la cour et toujours dans le même sens. Il est inouï qu'on ait vu une société ou un élève oser se promener en sens contraire, ou seulement abandonner la circonférence pour le diamètre. Ce préjugé n'est que ridicule; il en est de cruels. Si, par exemple, un jeune homme a le malheur d'arriver ici sans connaître personne qui le fasse entrer dans une so-

[1] Cette exposition des mœurs de l'Ecole, mise dans la bouche d'un élève, est évidemment une forme imitée des poèmes épiques (on avait encore ce goût en 1815); mais le fond en est rigoureusement exact, et c'est ce qui fait la supériorité de ce discours sur ceux d'Ulysse et d'Enée.

ciété, s'il est ainsi forcé de se promener seul, ne fût-ce qu'un jour, eût-il tout le mérite possible et la valeur de Bayard, il est déclaré *buson*. Dès lors on peut l'insulter sans être obligé de lui rendre raison ; bien plus, celui qui consentirait à se battre avec lui deviendrait immédiatement buson par cela même. Jugez quel épouvantable supplice pour ces malheureux. Nous en avons plusieurs maintenant ; vous les voyez se promener isolément, ou confondus avec d'autres que leur lâcheté ou des vices honteux ont plus justement réduits à cet état.

« Tous les autres élèves se partagent en sociétés plus ou moins nombreuses, et qui prennent le nom des provinces ou des lycées où elles se recrutent ; ainsi il y a la société de La Flèche, la société du lycée Napoléon, celle des Gascons, des Normands, etc. Les membres de ces sociétés sont étroitement unis et se soutiennent entre eux ; mais, comme vous avez pu le remarquer, il est extrêmement rare, du moins pendant les récréations, de voir un élève adresser la parole à un élève d'une autre société que la sienne. Cela va même si loin que vous seriez obligé de demander raison à quelqu'un qui vous regarderait un peu longtemps en face ou de côté. Cette nuit même, il doit y avoir un duel qui n'a pas de meilleure cause.

« On se bat ainsi assez souvent, quoique les duels soient défendus sous les peines les plus sévères ; car, non-seulement le coupable est chassé de l'Ecole, ce qui serait peut-être un encouragement, mais il est placé comme conscrit à la queue d'un régiment. Toutefois, cette punition n'est infligée que lorsque l'un des deux adversaires est tué ; quant aux duels moins funestes, ou ils ne sont pas découverts ou ils ne sont punis que par la prison.

« Les remèdes que l'on a voulu apporter à cette manie n'ont fait qu'aggraver le mal. Autrefois on se battait à la baïonnette ; depuis que le général les a fait couper carrément, on a eu recours à d'autres armes plus dangereuses. Aujourd'hui, quand un homme doit se battre, un des anciens de sa société, ordinairement celui qui servira de second, est chargé de préparer les armes. Il fend un manche à balai en deux, attache fortement à chaque bout une branche de compas, et désigne la nuit et l'heure du rendez-vous. Au moment fixé, les deux champions, munis de leurs pertuisannes, s'esquivent du dortoir et courent se livrer un combat moitié féroce, moitié grotesque, dans les galetas, sur les escaliers, derrière une porte, partout où ils croient pouvoir échapper quelques moments à la surveillance. Lorsque la blessure est profonde, la pointe trop acérée du compas n'ouvrant pas une issue suffisante, le sang s'épanche au dedans et cause presque toujours la mort quand le buste est atteint ; d'autant plus que, dans l'espoir de n'être pas découvert, on finit par n'appeler du secours que lorsqu'il n'est plus temps.

« Je n'ai pas besoin de vous apprendre l'absurde animosité des élèves contre les conscrits. Vous fûtes heureux d'être protégé par un sergent; sans cela, que de tours on vous eût joués! Vous avez pu en juger d'après ce qui s'est passé pour d'autres. Vous les avez vus pendus au plafond dans des sacs à distribution; vous leur avez vu voler leur fourchette, les réduisant ainsi à regarder manger les autres, quelques-uns aller à l'exercice la tête nue parce qu'on leur a caché leur bonnet, et mille autres impertinences fort amusantes pour ceux qui se les permettent, mais bien désagréables pour un pauvre diable déjà effrayé. Avec tout cela, ce que vous aurez peine à croire, c'est que cette manie de tourmenter les conscrits se convertit en une véritable rage quand le chiffre des inscriptions arrive aux *mille*. Ainsi, lorsque l'Ecole était encore à Fontainebleau, le malheureux qui y entra avec le n° 2000 fut jeté par les fenêtres. Pourquoi? Parce qu'il était *trop* conscrit. Cette belle raison a tant de poids parmi les élèves que, à l'arrivée du n° 3000, on fut obligé, pendant quelques jours, de le faire accompagner partout où il allait. [1]

« Vous serez sans doute étonné que les officiers ne fassent pas cesser ces vexations, mais le plus

[1] Je n'étais pas moi-même très-éloigné du chiffre critique, puisque j'avais le n° 3888.

souvent ils les ignorent, ne logeant pas à la caserne. Les seuls chefs toujours présents, savoir les caporaux et les sergents, étant pris parmi les anciens élèves, figurent trop souvent comme acteurs principaux dans les désordres qu'ils devraient réprimer. D'ailleurs, un préjugé capital, en ce qu'il assure la permanence de tous les autres, c'est celui qui défend d'une manière absolue de porter plainte aux supérieurs. Comme cette défense a une espèce d'affinité avec l'honneur militaire, elle n'en est que plus respectée ; un élève qui ferait des rapports deviendrait incontestablement buson, et, par conséquent, beaucoup plus malheureux.

« Vous voyez, me dit en terminant mon camarade, que la seule chose qui puisse faire supporter un pareil séjour, c'est l'espoir d'en sortir. »

Ces communications sur les mœurs de l'Ecole n'étaient guère propres à les faire aimer ; aussi me sentis-je effrayé à l'idée que je pouvais y rester deux ans et même davantage, ainsi que j'en avais plusieurs exemples sous les yeux. Si quelques élèves en étaient sortis plus vite, c'était grâce à des circonstances exceptionnelles que je ne pouvais pas espérer pour moi.

En attendant, nous menions la vie la plus propre à nous rendre malades ou insensibles à toutes les intempéries, car, pendant le rigoureux hiver de 1812, nous n'eûmes jamais pour nous vêtir que le frac et la culotte que nous portions en été. Dès huit heures du matin, au mois de décembre, quand le jour lùisait à peine, on nous conduisait trois fois par semaine à l'exercice, soit du fusil, soit du canon, et là, sous des flocons de neige ou mordus par la bise, nous rivalisions pendant deux heures avec nos frères aînés de Moscou. N'étant pas encore dignes de geler en Russie, on nous essayait à Saint-Cyr.

Le détail d'une seule de nos journées donnera l'idée de toutes les autres, car elles se succédaient toujours les mêmes dans leur triste monotonie.

En hiver comme en été, à quatre heures et demie du matin, l'inexorable tambour faisait retentir les voûtes de la caserne. Au moment le plus doux du sommeil, quand, par l'heureux privilége de la jeunesse, nous retrouvions dans nos songes les illusions du foyer domestique, le fatal instrument venait bruyamment les mettre en fuite. Il fallait, sans hésiter, quitter la chaude atmosphère du lit pour se jeter sur les carreaux glacés de nos dortoirs, et se laisser pénétrer par un humide et froid brouillard, hôte assidu de ces vastes salles où jamais le feu ne fut admis. Heureux encore, quand on pouvait se rendre paisiblement dans les combles pour y étudier à la lueur de quelques lampes. Plus d'une fois, je me suis vu contraint de prendre le fusil et d'aller passer mes deux heures d'étude *au peloton*.

Le peloton, — invention diabolique et bien digne

du démon qui l'inventa, — le peloton se tenait sous un hangar ouvert à tous les vents. Là, depuis cinq heures jusqu'à sept, et sous la garde d'affreux sergents dont la cruauté était proverbiale, les condamnés devaient rester immobiles au port d'arme. Quelques intervalles de repos, plus ou moins courts et plus ou moins rares, suivant l'humeur de notre jeune bourreau, interrompaient seuls le supplice auquel il présidait. Parfois, un pauvre nouveau venu, incapable de le subir plus longtemps, se laissait tomber de faiblesse et de désespoir ; mais s'il n'était qu'à moitié évanoui, on lui faisait boire un grand verre d'eau claire et on le replantait sur ses pieds.

A sept heures, rentrée à la caserne pour le service des chambres et de l'équipement, et à huit, l'inspection. C'est ici surtout que s'acquérait le droit d'aller au peloton. Il serait trop long d'indiquer toutes les minutieuses vétilles qui pouvaient amener cette redoutable condamnation ; je ne parlerai que de la manière de faire son lit.

Il fallait qu'il présentât l'aspect d'un parallépipède à angles droits, parfaitement régulier, et que le traversin, roulé sous la couverture, formât un cylindre sans pli, accompagné de deux *oreilles* irréprochables. Ce n'est pas tout : cette couverture devait offrir un dessin agréable et varié, laissé, du reste, à la libre recherche des élèves. Aussi voyait-on chacun de nous, armé chaque matin d'un peigne et d'une brosse, travailler sa malheureuse couverture, relevant les brins de laine d'un côté, les couchant de l'autre, pour arriver à représenter un vase de fleurs, des arabesques, un tombeau, quelque chose enfin qui pût satisfaire le sergent inspecteur. Après quoi, debout, la tête fixe, le petit doigt à la couture de la culotte, tous attendaient leur sort. Alors le terrible sergent, passant d'un air sombre, jetait un regard sur l'homme et sur le lit, et, si un pli le choquait, si le dessin lui déplaisait, s'il avait quelque chose contre l'élève ou seulement s'il était de mauvaise humeur, sans dire un seul mot, il lançait la couverture à terre et tout était à recommencer. Plus, bien entendu, le peloton pour le lendemain, sans explication, ni réclamation possibles. Nous apprenions durement ainsi cette leçon d'histoire, que le pouvoir sans contrôle engendre toujours une tyrannie capricieuse et cruelle.

De huit heures à dix, le bataillon faisait l'exercice, auquel succédait le repas du matin. Les élèves se répartissaient ensuite entre les différents cours d'étude, chacun suivant le degré d'instruction où il était parvenu. Il y avait, s'il m'en souvient bien, trois divisions principales dans l'enseignement de l'Ecole. La *littérature* dans toutes ses branches (y compris l'orthographe qui n'était pas la moins ardue pour beaucoup d'entre nous). Les *mathématiques*, depuis l'arithmétique jusqu'à la trigonométrie et au tracé des plans. Enfin, l'*administration*, c'est-à-dire la connaissance exacte de tous les règlements touchant le service militaire de place ou en campagne, etc. Il fallait avoir franchi tous les degrés dans chacune de ces divisions pour pouvoir être admis au *concours*, c'est-à-dire à l'examen final qui décidait, d'ordinaire au bout de deux ans, si l'on sortait officier. Hélas ! combien restaient en route, faute de goût pour le travail de tête, ou qui n'arrivaient qu'après trois années, ou même plus, d'une cruelle attente! C'étaient *les anciens des anciens*, et l'on comprend qu'ils devinssent, selon le langage de l'Ecole, toujours plus *féroces*.

A quatre heures, toutes les classes finies, l'on prenait le second repas, suivi d'une heure ou deux de promenade dans la cour, quand le temps ne s'y opposait pas absolument. Puis l'on remontait dans les salles d'étude, c'est-à-dire dans des greniers dallés de briques, et là, comme le matin, sans manteau et sans feu, on devait rédiger les devoirs du jour, dresser ou copier des plans, en un mot, étudier jusqu'à neuf heures. Après quoi l'on allait se coucher pour recommencer le lendemain et le surlendemain, pour recommencer toujours jusqu'à la sortie définitive de Saint-Cyr.

Telle était notre vie habituelle, et elle n'offrait guère pour diversités que quelques vexations inattendues. Aussi nos meilleurs moments étaient ceux où une pluie battante nous empêchant de descendre dans la cour, nous pouvions nous coller aux barreaux des fenêtres et jeter un long regard vers la campagne. Que de soupirs s'exhalaient alors ! Comme on enviait le sort du plus pauvre laboureur ! Comme le cœur palpitait, si l'on apercevait au loin les fumées d'un hameau ! Joies domestiques, contentement du cœur, âge d'or, vous habitiez évidemment sous ces toits rustiques. La souffrance de l'âme pouvait-elle exister ailleurs que sous les barreaux de Saint-Cyr ?

Cependant, il faut le reconnaître, le dimanche était un jour tout exceptionnel, surtout si le soleil brillait. L'astre bienfaisant faisait alors pénétrer dans l'Ecole des sentiments plus doux et presque de la joie. D'abord, on ne se levait qu'à sept heures, première jouissance et bien appréciée. Puis l'on avait toute la matinée pour le service des chambres, pour nettoyer ses armes et donner à toutes choses et à soi-même un certain air de fête. A onze heures et demie précises, nous descendions en grande tenue pour l'inspection et la parade. Le général arrivait environné de tous les officiers, les tambours battaient aux champs, la musique jouait, c'était un brillant spectacle et qui, à notre avis, méritait d'être vu. Et réellement nous formions un charmant bataillon, jeune, leste, fringant; tous les mouvements étaient enlevés avec une prestesse et une justesse admirables. La vieille garde ne manœuvre pas mieux, avait dit un jour l'Empereur lui-même (c'était du moins une tradition de l'Ecole). Mais hélas! il n'y avait que des murs pour nous voir.

Après la parade, le bataillon se rendait en armes dans la magnifique chapelle, dite de Louis XIV, où jadis Madame de Maintenon réunissait aussi d'autres jeunes élèves de Saint-Cyr,... souvenir qui n'était pas indifférent aux savants d'entre nous, capables de remonter si haut dans l'histoire. Puis la messe commençait. — Si un élève eût réclamé par motif de conscience, eût-il été dispensé d'assister à cet acte de culte? Je l'ignore. Mais, à vrai dire, personne de nous n'y songeait. Cette assistance était une diversion dans notre vie monotone, une sorte de fête, et protestants ou catholiques n'y voyaient guère autre chose; nous étions aussi éloignés que possible de tout esprit de controverse. Ce qui nous préoccupait, quand la sonnette de l'autel annonçait l'élévation de l'hostie, ce n'était pas le sens mystique de la cérémonie, c'était l'honneur du bataillon. Si, au commandement de *genou-terre,* le mouvement était parfaitement exécuté, si toutes les crosses frappaient d'un seul coup le marbre du sanctuaire, *frau!*... nous sortions édifiés. Je ne dis pas cela à notre honneur, mais comme un fait.

Après la messe, le bataillon faisait une promenade militaire de deux ou trois heures dans les environs. Bien rarement pourtant on nous laissait approcher de Versailles ou de son parc ; mais alors nous apercevions parfois dans le lointain une robe blanche, un chapeau rose,.. gracieuses apparitions qui faisaient battre le cœur, et nous rendaient plus maussades les vieilles figures de nos officiers.

J'ai parlé de nos repas du matin et du soir. Peut-être se figurera-t-on que, sans être somptueux, ils étaient sains et abondants. Hélas ! rien moins que cela, et je doute que les Spartiates eussent quitté leur brouet noir pour manger à notre table. Voici quelle en était l'ordonnance.

Le tambour annonçait par un roulement que les cuisiniers étaient prêts (ces cuisiniers n'étaient pas des élèves). A ce signal, la compagnie se rangeait en bataille et descendait en ordre dans les salles du rez-de-chaussée. Une foule de tables, grandes comme des cibles et fixées chacune sur un pieu, remplissaient le réfectoire. C'était le seul ameublement du lieu, car on n'y admettait que le strict nécessaire. Comme il était indispensable d'y voir clair, une longue suite de fenêtres laissait entrer le plus grand jour possible ; mais comme il n'était pas nécessaire d'y avoir chaud, on ne remplaçait pas toujours les vitres cassées. Nous ne connaissions pas non plus les chaises, les nappes, les serviettes, toutes ces vaines superfluités qu'inventa le luxe et qui ne servent qu'à corrompre les bonnes mœurs.

Aussitôt arrivée, chaque escouade se hâte d'envoyer aux cuisines des hommes de corvée qui en rapportent bientôt les trois gamelles réglementaires. La première prend place sur la table et les deux autres dessous, en attendant leur tour. Une dizaine de jeunes gaillards de grand appétit, déjà rangés en rond autour de la gamelle et armés chacun d'une cuiller, attendent en silence le signal du caporal, c'est-à-dire qu'il plonge sa propre cuiller dans le potage. Tous l'imitent alors successivement et par rang d'ancienneté, jusqu'à ce que cette espèce de feu de file recommence par le caporal et finisse faute de munitions.

La soupe expédiée, on sort la seconde gamelle contenant de la viande, mais quelle viande! Coupée en larges tranches, elle offrait l'aspect d'un tissu filandreux, traversé en tous sens par de vigoureux tendons qui annonçaient que l'animal quel qu'il fût (bœuf ou cheval, on ne l'a jamais su), avait dû être très-fort ou avoir beaucoup travaillé. On appelait ces tranches des *couvre-gibernes*, ce qui exprimait assez bien quel peu de suc en pouvait extraire la mastication la plus obstinée.

A l'apparition de cette viande, le plus conscrit se disposait à en faire autant de parts qu'il y avait d'hommes dans l'escouade. C'était sa fonction et son droit, car là comme partout ailleurs, il y avait des morceaux à préférer, et, comme il ne pouvait avoir que le dernier restant, c'était à lui de les rendre aussi égaux que possible. Il s'y employait de son mieux, non sans tâcher parfois de se ménager une aubaine, en dissimulant adroitement un joli morceau de graisse sous une tranche de pauvre apparence; mais il ne pouvait échapper à l'œil de faucon du caporal, qui plantait bientôt sa fourchette dans la portion convoitée. Les autres choisissaient après lui, et ne laissaient naturellement au conscrit que la part la plus délabrée. Je les ai vus parfois ricaner encore du malheureux, qui, faute d'avoir compté juste, les regardait manger d'un air stupéfait.

Après la viande, apparaissait la dernière gamelle, la fameuse gamelle des haricots, tantôt à la sauce blanche, tantôt à l'huile : ce dernier mode destiné, j'imagine, à marquer les jours maigres. Quant au vin, les nouveaux venus s'en passaient le plus souvent, à moins que par extraordinaire les anciens eussent bien peu soif ce jour-là. Du reste, partout ailleurs, ce n'aurait pas été une boisson enviable; quoiqu'elle fût faite à Paris, elle ne venait pas évidemment du bon faiseur.

Pour compléter l'histoire de notre régime alimentaire, il resterait à parler de ce qu'on pouvait se procurer par la connivence des employés du dedans avec les amis du dehors. Il se faisait bien de temps en temps quelque transaction de cette espèce, mais c'était une opération délicate et coûteuse. La contrebande des comestibles était aussi difficile à l'Ecole que celle des marchandises anglaises sur le continent. Nous avions même un vieux capitaine qui leur faisait subir le même sort, car toutes les fois qu'il parvenait à saisir de l'eau-de-vie, il nous déclarait qu'il allait la brûler. Il ne restait donc que bien peu de moyens de se régaler; on y parvenait pourtant jusqu'à un certain point. Ainsi la croûte d'un pain de munition frottée d'ail et saupoudrée de sel (quand on avait pu se procurer ces ingrédiens), était un mets fort apprécié. On employait à des tartines jusqu'à l'huile destinée à graisser les fusils. Quelques gourmands même se permettaient de manger à leur déjeuner un bâton de colle à bouche [1] ou quelque autre friandise pareille.

Ce qui aidait encore à supporter le régime de la caserne, c'était l'espoir d'entrer à l'hôpital. Avait-on une égratignure, on la choyait, on la cultivait pour ainsi dire, on s'efforçait d'en faire le magique *sésame* devant lequel s'ouvrirait ce lieu de promission. Je fus assez heureux pour qu'une écorchure au genou prît à la fin une apparence respectable; il est vrai que j'y avais pris peine. Aussi notre digne chirurgien (il souriait quelquefois dans

[1] Je soupçonne pourtant que plusieurs de ces bâtons devaient être apocryphes. Leur apparence était irréprochable et servait à leur introduction dans l'Ecole, mais j'ai lieu de croire que quelques-uns, du moins, contenaient plus de sucre que de colle. Aussi s'en faisait-il une grande consommation dans les classes où se copiaient les plans.

sa barbe) crut-il sa conscience engagée à m'envoyer bien vite à l'hospice, *salle des blessés.*

Nous nous y traînâmes comme des agonisants, car nous étions sept ou huit, tous aussi malades que moi. A notre arrivée, nous nous jetâmes sur des lits, et, pendant tout le pansement, on entendait des soupirs à briser le cœur d'un frater allemand. Mais le chirurgien parti, crac,... vous eussiez pris plaisir à voir ceux qui avaient mal aux jambes courir et se battre avec ceux qui avaient mal aux bras. Bientôt après, les infirmiers nous apportaient la large capote et le pantalon de flanelle blanche, les pantoufles vertes, le fin bonnet de coton, et avec cela nous avions l'air d'une chambrée de milords.

L'hospice, exclusivement destiné aux élèves, était dirigé par trois sœurs de charité, qui nous entouraient de soins vraiment maternels. La cuisine était excellente ; on mangeait du pain blanc à discrétion, on buvait du vin assez honnêtement, et de la tisane pectorale tant qu'on en voulait. Il y avait même des confitures pour le soir, en sorte que nous prenions là des faces de prédestinés.

Durant cette heureuse et trop courte période de mon séjour à l'Ecole, je m'engraissai et m'acquis une excellente protection. Cet ancien ami de collége, devenu sergent et sur le point de quitter Saint-Cyr, m'avait fortement recommandé à la sœur Emilie, qui était aussi comme son jeune parent de la petite ville de Gex, et qui lui avait été fort utile à lui-même; car ces dames étaient généralement respectées et très-considérées du général, surtout la sœur Emilie, la plus âgée des trois, et je crois même la supérieure. Cette digne sœur voulut bien s'intéresser à moi, en qualité de *pays*, et elle commença son rôle de protectrice par me faire bien vite regagner la caserne pour y travailler à mon avancement.

Cependant le mois de décembre arriva et apporta la terrible nouvelle des désastres de Moscou et de la retraite de Russie, nouvelle qui jeta la France dans la stupéfaction et la douleur. Cette armée, qui avait porté ses aigles victorieuses dans toutes les capitales de l'Europe, cette armée, qui semblait invincible, avait disparu tout entière. Son chef, pour la première fois trahi par la fortune, demandait de grands sacrifices; la guerre allait se rallumer plus violente et se rapprocher des frontières; on n'avait devant soi qu'un présent déplorable, un noir et menaçant avenir. Mais, tandis que la nation n'apercevait dans une telle catastrophe que des sujets d'alarme et de deuil, les élèves de Saint-Cyr y voyaient aussi des officiers à remplacer, et, il faut bien l'avouer, cette perspective adoucissait beaucoup leur douleur.

Heureusement, j'avais rapidement parcouru les divers degrés de l'enseignement, et j'étais parvenu aux premières classes dans toutes les branches. Je le devais sans doute à la provision de connaissances acquises que j'avais apportée à l'Ecole, provision qui, quoique fort modeste en soi, se trouvait notablement supérieure au très-mince bagage scientifique de la plupart de mes camarades. Toutefois, je ne pouvais guère espérer d'être admis à concourir après quatre mois d'école seulement, tandis que le règlement demandait deux années de séjour. L'obstacle était grand: sœur Emilie le leva. Grâce à sa bonne influence, et beaucoup aussi sans doute au besoin pressant qu'on avait d'officiers, je fus admis au concours.

Pendant tout le temps que durèrent les examens, et pendant tout le temps que leurs résultats demeurèrent inconnus, c'est-à-dire pendant près d'un mois, la crainte et l'espérance se partageaient le cœur des candidats, et l'aspect de la caserne resta aussi sombre que jamais. — Mais un jour, jour mémorable, le 30 janvier 1813, les nominations arrivent vers les trois heures de l'après-midi. Oh! quelle explosion de joie! Tous ceux qui s'y trouvaient portés, ivres de bonheur, parcouraient la caserne en jetant leurs guêtres et leurs bonnets en l'air. Officier! officier! c'était le cri qui retentissait de toute part. Pas un ne voulut coucher à l'Ecole; les portes n'étaient pas assez larges pour leur impatience.

Quant à moi, obligé d'attendre quelques jours encore l'argent demandé pour m'équiper, je n'éprouvais qu'une joie troublée ; je craignais toujours qu'une révolution ne vînt m'empêcher de sortir. Appuyé à l'une des fenêtres des bureaux de l'Administration, les yeux mouillés de larmes, je voyais mes heureux camarades s'embrasser sur le grand chemin. Tels que ces paladins qui, dans le château enchanté d'Atlant, poursuivaient leurs meilleurs amis sans les connaître et n'étaient détrompés que sur le seuil, tels les élèves de Saint-Cyr, libres du maléfice qui les avait aveuglés jusqu'alors, ne connaissaient plus que des sentiments doux. Toute haine était éteinte, toute distinction oubliée ; il n'y avait plus ni busons, ni sergents, ce n'étaient plus que des amis qui, animés de la même joie, faisaient ensemble les mêmes culbutes. Non, on ne sort qu'une fois de l'Ecole militaire, et c'est le plus beau jour de la vie !

Une semaine après, cet heureux moment arriva aussi pour moi. Le sac sur le dos et en grande tenue, je me rendis chez le quartier-maître, qui me fit mon compte sur le pas de sa porte que je ne voulus pas quitter. Enfin, le cœur palpitant d'émotion, précédé par ce même geôlier qui m'avait introduit cinq mois auparavant, j'arrive à la grande porte. Je ne lui donne pas le temps de l'ouvrir tout entière; aussitôt que je vois le jour, je m'élance comme un chevreuil.... Je suis dehors !

CHAPITRE III

Un tout jeune officier

Pour qui voyait gambader sur la route ce jeune homme en grand uniforme, avec un sac gambadant aussi sur son dos comme s'il eût partagé la joie de son maître, il n'était besoin de plus ample explication, on voyait aussitôt d'où il venait et ce qu'il était. Aussi, à mon arrivée à Versailles, je me vis immédiatement entouré de cochers se disputant une pratique dont ils savaient qu'ils pouvaient attendre, dans la circonstance présente, un généreux pourboire. J'étais assourdi de leurs invitations, toutes plus flatteuses les unes que les autres. Montez ici, mon officier.... mon colonel.... mon général! Ce fut ce dernier qui m'emmena, comme de juste.

Me voici donc à Paris avec plusieurs centaines de francs en poche, destinés aux frais de mon équipement et à me transporter plus confortablement à Magdebourg, où je devais rejoindre mon corps. Qu'allait devenir cet argent qui me semblait inépuisable? Heureusement, mon séjour dans la capitale devait être très-court, une quinzaine de jours au plus, d'après mon ordre de départ. Je dis *heureusement*, non pas que je pense que je risquasse de me jeter dans une vie de désordres, je n'en avais, par bonheur, pas plus le goût que le temps. Le danger qui menaçait ma petite fortune et que je ne sus pas éviter, venait uniquement de mon inexpérience, de ma vanité, et aussi d'une certaine naïveté provinciale qui me faisait croire implicitement à la parole et aux bonnes intentions de tout le monde.

Ma première et ma plus importante affaire fut tout d'abord de m'équiper le plus brillamment possible. Aussi, grâce aux soins empressés des tailleurs, des bottiers, des passementiers les plus en renom, je fus bientôt, de la tête aux pieds, un modèle d'élégance militaire, et orné d'autant de dorures que pouvait en permettre mon modeste grade de sous-lieutenant. Quant à la solidité et à l'utilité de cette garde-robe pour faire campagne, je n'y songeai pas et on ne m'y fit pas songer; c'est tout au plus si je mis sur ma liste un surtout, beaucoup plus propre à bien dessiner la taille qu'à garantir du mauvais temps. Après quoi, je promenai dans Paris mon brillant uniforme, n'évitant nullement de passer devant les factionnaires, surtout quand ils appartenaient à la vieille garde, pour les voir saluer mes épaulettes. Ces braves n'y manquaient jamais, c'était leur devoir; mais c'était aussi leur intérêt, car il était d'usage qu'un jeune officier mît une pièce dans la main de la première sentinelle qui lui portait les armes; et il arrivait d'ordinaire que cette petite cérémonie se répétait plus d'une fois, tout particulièrement quand les sentinelles avaient des figures imposantes et de belles moustaches.

On doit comprendre que les notes des marchands, en les supposant même parfaitement exactes et modérées, devaient porter de rudes atteintes à ma bourse, sans compter que cette bourse devenait bien vite un point de mire pour les divers industriels qui parvenaient à faire sa connaissance. C'est ainsi que le garçon tailleur, qui m'apportait et m'essayait mes nouveaux vêtements, sut m'amener à lui abandonner gratis tous mes habits bourgeois et même mon grand uniforme de l'Ecole: objets qui ne pouvaient plus me servir personnellement, il est vrai, mais qui avaient ensemble une valeur assez notable et que je pouvais immédiatement réaliser. Mais ce brave homme me parlait avec tant d'effusion de sa nombreuse et intéressante famille qu'il avait tant de peine à nourrir et à entretenir, il me trouvait si beau, si généreux, si riche, que j'aurais cru être un indigne de lui refuser ce cadeau. Aussi il me quitta les larmes aux yeux, en m'appelant son bienfaiteur et celui de ses enfants. Je sus ensuite qu'il était célibataire et qu'il n'avait d'autre famille que celle de ses goûts, beaucoup plus dispendieux que canoniques.

Du reste, un raisonnement très-simple et très-évident, et qui avait grand cours parmi les jeunes officiers, nous rendait assez indifférents sur nos intérêts pécuniaires. Dans un an, se disait-on, je serai tué ou j'aurai fait mon chemin, et, dans ces deux cas, cet argent m'est inutile. La logique venant ainsi en aide à nos dispositions naturelles, on peut penser que nos dépenses ne suivaient pas toujours la règle d'une vulgaire sagesse. Je pourrais en citer, pour ce qui me concerne, quelques-unes assez excentriques en effet; je n'en veux raconter qu'une, non pas seulement parce que je m'y montrai d'un *provincialisme* achevé, mais parce qu'elle faillit devenir la cause d'un duel en Allemagne.

D'après l'aphorisme cité plus haut, il me sembla que je me devais à moi-même, avant de partir, d'aller faire, chez le célèbre restaurateur Véry, un dîner splendide, un vrai dîner de général. En conséquence, je me rendis dans ses salons dorés que je n'avais encore vus que du dehors, et je me mis à chercher sur la carte les mets les plus délicieux, c'est-à-dire (selon l'état de mes connaissances dans cette partie) ceux dont les noms étaient les plus étranges ou les plus longs. Pendant ma recherche, un Monsieur entre deux âges et d'une mise très-distinguée venait de s'établir à une table voisine, et je l'entendis demander au garçon une *anguiatata*. Anguiatata, me dis-je, ce doit être bien bon, et je mis ce plat sur ma liste.

On venait de m'apporter, en attendant, la *douzaine* que j'avais commandée pour me conformer au bel usage. C'était la première fois que je voyais des huîtres, et je ne savais comment cela se mangeait, mais mon voisin fashionable en ayant devant lui, je me promis de l'observer. Je le vis, en effet, prendre successivement chaque écaille, en détacher l'animal avec sa fourchette et le faire tomber dans un grand verre ; puis, quand le verre fut plein, il le huma en quelques gorgées. Je l'avais fidèlement imité jusque-là, mais, quand il me fallut approcher de ma bouche ce tas d'animaux glaireux, il me fut impossible d'aller plus loin ; je suais à grosses gouttes devant ce verre, partagé entre l'affreuse honte de ne pouvoir manger mes huîtres et l'impossibilité de le faire. Je dus finir par les remettre au garçon, avec un geste suppliant pour qu'il les fît disparaître sans rien dire. Quant à l'anguiatata, la vue du mets, ainsi que la lecture de la carte m'apprirent que c'était une anguille à la tartare, et que ce Monsieur était un survivant de ces *Incroyables* du Directoire qui avaient mis ce genre de prononciation à la mode.

En résumé, moyennant une bouteille de Bordeaux, première qualité, et divers accessoires, la carte payante se monta à 25 francs. Il fallait réellement se sentir à la veille d'être tué ou maréchal de France, pour se payer un dîner de cette force.

Au fond, pourtant, j'étais assez glorieux d'une pareille note, et je voulus m'en faire honneur quelques jours après mon arrivée au régiment. C'est à l'occasion d'un très-misérable repas que nous faisions au bivouac, que le souvenir de celui que j'avais fait chez Véry se présentant à moi, j'eus l'idée d'en régaler mes camarades. Cela ne réussit pas. A l'ouïe d'un dîner de 25 francs, un lieutenant républicain, qui avait donné sa démission quand Bonaparte se fit empereur et avait vécu dès lors dans ses montagnes de la Franche-Comté, s'imagina que je voulais me moquer d'eux. Il me demanda avec colère pour qui je les prenais de venir ainsi leur pousser des bourdes à faire rougir un gascon. Naturellement la querelle s'échauffa et elle aurait certainement fini sur le terrain, si notre vieux capitaine n'avait interposé ses bons offices et son autorité entre les deux adversaires : tous deux profondément convaincus de leur bon droit et s'appuyant résolument, l'un sur l'expérience, l'autre sur la raison. Ce n'est pas la seule fois que ces deux principes ont engendré des partis contraires. [1]

[1] Il faut pourtant dire en faveur de l'opinion de ce digne lieutenant (qui, du reste, fut tué quelque temps après), que 25 francs représentaient alors une somme bien plus forte qu'aujourd'hui.

Cette singulière altercation n'est qu'un exemple, entre beaucoup d'autres, des divergences que devait naturellement entraîner la composition tout exceptionnelle de notre corps d'officiers. On sait ce qu'étaient les *Cohortes,* formées en 1812 du premier ban de la garde nationale et qui ne devaient pas, disait-on, sortir des frontières. Elles étaient commandées par d'anciens officiers de la République, dès longtemps retirés du service, soit par fatigue, soit par opinion politique. Plusieurs d'entre eux donnèrent leur démission quand l'Empereur, après le désastre de Moscou, organisa ces Cohortes en régiments pour les envoyer à l'armée, et ils furent en partie remplacés par les jeunes officiers sortis des Ecoles. On comprend dès lors le contraste que devaient présenter, dans leurs sentiments et dans leurs idées, ces deux générations militaires, l'une vieillissante, l'autre naissante.

Le moment de partir étant venu, je résolus d'employer ce qui me restait d'argent à faire le voyage en diligence jusqu'à Wesel, où je devais recevoir du commandant de place une direction spéciale pour rejoindre mon corps. Dans notre voiture se trouvaient deux hussards de la vieille garde, un maréchal des logis et un simple cavalier, qui allaient en remonte à je ne sais plus quelle ville. On sait que ces messieurs de la garde regardaient assez dédaigneusement les autres corps de l'armée et surtout l'infanterie de ligne. Soit donc par sentiment de sa dignité, soit peut-être que la conversation ne fût pas son fort, le hussard garda toujours un air rébarbatif et un rogue silence, mais le maréchal des logis se montrait plus aimable et causait même facilement.

Malheureusement le simple cavalier n'avait droit qu'à une place d'impériale, et un voyageur s'étant présenté à quelques lieues de Paris, comme la voiture était complète, on rappela au hussard qu'il n'était dans l'intérieur que par tolérance, et on l'invita à monter plus haut. On peut comprendre à quel point son orgueil fut froissé ; on voyait à ses gestes et aux muscles de sa face qu'il souffrait horriblement. Je m'avisai alors de m'écrier : C'est diablement vexant, en effet, d'être obligé de céder ainsi sa place ! — Ces mots, que j'avais dits plutôt par sympathie et dans toute la bonne foi de mon âme, ne lui parurent point un baume pour sa blessure ; au contraire, il se mit à faire rouler d'affreux jurements, me lançant des regards furieux, et murmurant assez haut que « si quelqu'un voulait mettre ses épaulettes dans sa poche, il trouverait à qui parler. » Son supérieur s'efforçait de le calmer, et finit par interposer son autorité pour lui faire quitter la voiture.

Pendant toute cette scène, je sentais parfaitement, et une voix intérieure me criait, que j'avais un beau rôle à jouer ; c'était de dire : Eh bien ! mon camarade, voilà mes épaulettes dans ma poche, à nous deux maintenant! — Mais il avait un colback si énorme, un sabre si long et des moustaches si hérissées, que je ne pus jamais parvenir à faire passer cette phrase chevaleresque à travers mon gosier. Je gardai donc une attitude aussi digne qu'il me fut possible, mais je me tus.

Voilà ma confession faite, touchant ma première affaire d'honneur. Je n'y brille pas, et j'aurais pu la passer sous silence; j'y ai même pensé, mais, après réflexion, j'ai pris mon parti. Je veux me donner le plaisir raffiné de faire mon récit de soldat selon la plus stricte vérité, et sans nul grossissement des faits, ni de l'homme. Je veux pouvoir vous dire comme Montaigne : *Cecy est ung livre de bonne foy*.

Le maréchal des logis, comme pour me faire oublier l'incartade de son subordonné dont il comprenait toute l'inconvenance et le danger,[1] se montra toujours plus prévenant à mon égard. Il mit beaucoup de complaisance et de bonne grâce à satisfaire ma curiosité sur ce qui se passait dans les batailles, et en particulier sur la manière dont on se sabrait face à face dans les combats de cavalerie, ce qui excitait beaucoup mon intérêt. Nous causâmes ainsi très-amicalement jusqu'à son arrivée à sa destination, c'est-à-dire vers le soir. Quant au hussard, il descendit naturellement de son impé-

[1] Quoique très-jeune, j'étais pourtant officier, et la loi militaire ne badinait pas sur les menaces aux supérieurs.

riale sans avoir à passer par la voiture, ce dont je ne fus point fâché.

La diligence s'arrêtant presque chaque soir pour la couchée, il me fallut sept ou huit jours pour franchir les 120 lieues environ qui séparent Paris de Wesel. Mais, de ce long voyage, aucun incident n'est resté dans ma mémoire, si ce n'est celui de Neuss, petite ville sur la rive gauche du Rhin, en face de Dusseldorf. J'allai, comme à l'ordinaire, à mon arrivée, présenter ma feuille de route au commandant de la place, qui, voyant un jeune officier alerte et bien jambé, eut l'idée de lui faire une communication qu'il pensait ne pouvoir lui être désagréable. Il m'apprit donc que, à l'occasion de je ne sais quelle fête officielle, il y avait bal ce soir même à l'hôtel de ville, et m'offrit un billet pour y assister. On peut penser si cette invitation fut joyeusement acceptée. J'allai fouiller immédiatement dans l'ample porte-manteau qui m'accompagnait depuis Paris, et en tirai mon brillant uniforme, sans me douter, hélas! que c'était la dernière fois que je le voyais. Je fis ainsi mon entrée dans le bal officiel qui me parut charmant et très-bien composé, mais où je payai consciencieusement ma bienvenue en me montrant danseur infatigable jusqu'au matin, ce qui était sans doute l'espoir du commandant de place.

Quelques heures après, je montai en voiture pour quitter Neuss pour toujours, du moins à ce que j'imaginais; car j'étais loin de prévoir que c'est précisément dans cette ville que je viendrais passer les dernières semaines de cette même année 1813, et cela, dans une situation bien moins favorable que celle que je me plaisais à rêver pour l'avenir.

A Wesel, j'abandonnai définitivement la diligence pour faire la route à pied, mode de locomotion qui fut dès lors le mien durant les trois années de ma vie militaire, pendant lesquelles je ne mesurai pas mal de lieues de cette façon. Cette place de guerre présentait alors un spectacle fort animé; elle était constamment sillonnée par une foule de soldats isolés qui étaient dirigés de là vers leurs corps respectifs, que le prince Eugène réunissait sur les bords de l'Elbe. Afin d'assurer autant que possible parmi eux l'ordre et la discipline, durant les cent lieues qu'ils avaient encore à parcourir jusqu'à Magdebourg, à travers des pays assez mal disposés, on les formait successivement en détachements de marche, à la tête desquels on plaçait des officiers en passage quand il s'en trouvait.

Je reçus ainsi le commandement d'une trentaine d'hommes, avec la mission d'escorter un convoi de poudre qu'on envoyait à l'armée. C'étaient six charrettes portant des tonneaux enveloppés d'épaisses couvertures et garantis avec des soins minutieux, qui annonçaient assez la dangereuse nature de leur contenu, en sorte que mon détachement les regardait toujours du coin de l'œil avec une méfiance bien naturelle. Ce convoi de poudre me causa de grands ennuis, non pas qu'il sautât (heureusement!), mais parce qu'il était conduit par une dizaine de charretiers hollandais qui ne comprenaient pas un mot de français, ni même d'allemand, et qui s'opiniâtraient à s'arrêter quand je voulais qu'ils marchassent, ce qui troublait tout à fait l'ordre de mes étapes. De là des cris, des menaces, des colères d'autant plus vives que nous ne pouvions nous comprendre, et devant lesquelles ces hommes demeuraient impassibles comme des rocs.

En ma qualité de jeune tête, j'eus bien l'idée de recourir aux dernières voies de rigueur, mais je réfléchis qu'après avoir percé de coups de baïonnette ces charretiers têtus, je resterais fort embarrassé devant leurs tonneaux. Aussi, après quelques jours d'une lutte inutile, je me résolus à les planter là pour suivre uniquement la feuille de route dont j'étais responsable. Je ne doute pas, du reste, que leur poudre ne soit arrivée à destination, mais je n'en ai plus entendu parler; car notre séparation ne provenait ni de ma faute ni de la leur, mais de celle du commandant, qui avait accouplé sans réflexion deux allures parfaitement incompatibles.

Depuis que nous marchions militairement, nous logions chez le bourgeois dans les villes, chez le paysan dans les villages, et, comme de juste, le commandant n'était jamais le plus mal servi. C'est alors que je pus étudier de plus près les mœurs, les usages des contrées que nous traversions, et dont les habitants me parurent, je dois le dire, encore bien peu civilisés. J'avais habituellement une bonne chambre, j'en conviens, mais on ne me donnait pour me couvrir la nuit qu'un sac gonflé de plumes, qui, au moindre mouvement, sautait sur le lit comme une vessie, en sorte qu'il était plus souvent à terre que sur mon corps. Cette sorte de couverture dansante convenait peut-être à la race toute flegmatique du nord, mais nullement à nos nerfs plus méridionaux. Quant à la table, la viande y était toujours abondante et même excellente, mais on y manquait de pain. On n'en livrait à chacun, au commencement du repas, qu'une petite tranche fort mince, et qui, en ce qui me concernait, disparaissait en deux bouchées à la stupéfaction de mes hôtes ; ce qui m'obligeait d'en demander sans cesse, avec le sentiment pénible que je semblais vouloir affamer le pays. Ajoutez que ces gens mangeaient des confitures avec leur rôti,... quels sauvages !

Malgré ces inconvénients, je continuais à faire la route sans chagrin, traversant à petites journées des pays nouveaux et intéressants, m'instruisant des mœurs étrangères, visitant des villes historiques, comme Munster, Osnabruch, Hanovre, Brunswich, jouissant beaucoup aussi, je l'avoue, de mes priviléges et de mon importance comme chef de corps, et trouvant en fin de compte la guerre fort amusante. Ce voyage pédestre dura un mois, et restera dans mon souvenir comme un des moments les plus agréables de ma vie. C'était l'aimable aurore d'un jour fort orageux.

Le 5 ou le 6 avril, nous atteignîmes enfin Magdebourg. Rapport fait au commandant de la place, j'en reçus l'ordre de rejoindre de suite mon régiment, qui précisément alors bivouaquait à une demi-lieue de la ville, sur la rive droite de l'Elbe. Il ne m'était pourtant pas aussi facile de le trouver qu'on aurait pu le croire. Le 5e corps d'armée, dont il faisait partie, était exclusivement composé de cohortes. On les avait groupées quatre par quatre, sans égard du reste à leur ordre numérique, pour former de chacun de ces groupes un régiment; mais ces nouveaux régiments n'avaient encore leurs numéros que sur le papier; les soldats continuant à porter, gravés sur leurs shakos, les divers numéros de leurs cohortes respectives : ce qui faisait un fouillis de chiffres trompeurs où il était impossible de se reconnaître. Ajoutez la multitude de fantassins, de cavaliers, de fourgons, de chars de toute espèce encombrant la route entre Magdebourg et le camp, et s'y croisant sans cesse pour le service d'un corps de 20,000 hommes en voie de formation.

Au milieu de cette foule bruyante et affairée, ce n'est qu'à grand'peine que j'avais rencontré un commissionnaire qui voulût se charger de mon ample et précieuse valise, et encore trouva-t-il bientôt la charge trop lourde et le chemin trop long. Dans cet embarras, j'avisai heureusement une charrette transportant des bagages et se dirigeant au grand trot vers le camp; deux soldats la conduisaient. Eh ! leur criai-je, allez-vous au 154e ? — Oui, mon lieutenant, me répondit l'un d'eux avec un accent méridional très-prononcé, donnez-nous votre porte-manteau, nous en prendrons soin. Charmé d'une rencontre si opportune, je mis ma valise sur la voiture, et je m'acheminai lestement vers l'armée, où je finis par déterrer mon régiment. Le colonel ayant pris connaissance de mon brevet, fit mettre immédiatement sous les armes une compagnie et m'y fit reconnaître en qualité de sous-lieutenant. Après cette cérémonie, qui me parut fort intéressante, je m'enquis de mon bagage, mais, hélas ! toutes les recherches furent vaines. Au milieu de cette confusion de cohortes et de numéros dont je n'avais pas même gardé le souvenir, ma valise resta introuvable, aussi bien que le misérable méridional qui me l'avait subtilisée ; je ne l'ai plus revue.

Ce qui me rendit cette perte d'autant plus navrante, c'est que, par un louable calcul, je n'avais gardé sur moi que les plus médiocres de mes effets ; entre autres mon petit frac de l'Ecole, qui devint presque mon unique défense contre toutes les intempéries de 1813. Ma prudence et ma sagesse s'étaient donc complétement tournées contre moi, et j'appris ainsi que la vertu n'est pas toujours récompensée ici-bas.

II

PREMIÈRE CAMPAGNE

DE

MIL HUIT CENT TREIZE

PREMIÈRE CAMPAGNE

DE

MIL HUIT CENT TREIZE

CHAPITRE Ier

Un apprentissage militaire plus sérieux

Est-ce la nature des événements, ou est-ce l'âge du narrateur qui va donner, je le sens, un ton plus grave à mon récit ? Ces deux causes, je crois, y contribueront, mais les événements plus que l'âge. Ce que j'avais à raconter jusqu'ici étaient choses plus ou moins légères ; ce que je vis et ce que j'éprouvai dans les mois qui suivirent avait un tout autre caractère, et n'eût-on que dix-huit ans, on ne pourrait en parler de la même manière : preuves en soient les lettres que j'écrivais à cette époque.

Dès mon installation au régiment, ou du moins bien peu de temps après, je commençai à mieux connaître le côté sérieux de mon métier et à en ressentir la salutaire influence. Oui, la vie de soldat (je ne parle pas de la vie de garnison, entendons-nous bien), la vie de soldat à la guerre, exerce une heureuse influence sur le jeune homme qui n'est pas trop mal disposé. S'il est officier surtout, le sentiment du devoir, celui de sa responsabilité, la lutte avec les privations et les souffrances, les actes de dévouement mutuel à la fois simples et touchants dont il est parfois le témoin, enfin sa continuelle familiarité avec la mort, tout cela, non-seulement développe ses facultés, mais élève son âme, la fortifie et la mûrit. Aussi j'ai toujours pensé qu'une ou deux campagnes seraient un précieux complément à une bonne éducation, et prépareraient excellemment à toute vocation future, quelle qu'elle puisse être. Sans doute, une telle addition à nos institutions académiques ne sera jamais admise ; on trouverait avec raison que ses avantages pour la jeunesse seraient achetés trop cher par le reste du monde, mais c'est dommage.

Le prince Eugène, à la tête d'une soixantaine de mille hommes, était chargé de défendre la ligne de l'Elbe, en attendant l'arrivée de Napoléon et de ses nouvelles troupes. A l'exception de quelques rares débris de la retraite de Russie et d'une partie des cadres, son armée était uniquement composée de conscrits, qui, outre qu'ils n'avaient jamais vu le feu, se trouvaient, en raison de leur extrême jeunesse et d'un développement physique non encore accompli, peu propres à soutenir les épreuves de la guerre; car on sait que les privations et les fatigues d'une campagne, surtout dans de telles conditions, détruisent plus d'hommes que le feu de l'ennemi. Le 5e corps, très-nombreux et tout entier composé de cohortes, formait la partie la plus solide de cette armée, non que ses soldats eussent vu le feu plus que les autres, mais parce que c'étaient des hommes faits de vingt-deux à vingt-cinq ans, et ayant déjà quelques mois d'exercice.[1] Ce corps était commandé par le général Lauriston.

Soit par des raisons de stratégie ou pour remplir sa mission, soit aussi, ce qui est probable, pour l'éducation militaire de ses jeunes troupes, le prince nous fit faire des marches et contre-marches continuelles dans les plaines qui bordent la rive gauche de l'Elbe. Durant tout le mois d'avril, nous n'eûmes que rarement un jour de repos, et nous fîmes ainsi connaissance avec le genre de vie qui devait être le nôtre jusqu'à la fin de la campagne. Peut-être sera-t-il bon que je vous en trace

[1] Le 154e régiment, auquel j'appartenais, se trouvait composé de Francs-comtois, race presque montagnarde, solide, honnête et courageuse, quoique un peu épaisse et surtout très-mangeante.

ici l'esquisse pour n'y plus revenir, en avertissant toutefois qu'elle n'est complétement exacte, surtout dans ses traits les plus rudes, qu'à dater des premiers jours de mai, c'est-à-dire lorsque nous nous trouvâmes aux prises avec l'ennemi et dans des pays plus ravagés par la guerre.

En arrivant le soir, plus ou moins fatigués, sur le terrain que nous devions occuper la nuit, il s'agissait de pourvoir aux deux conditions principales de notre établissement, le bivouac et la soupe.

Quant au bivouac, il suffisait de couper des branches d'arbre et de les planter en terre, en les inclinant de manière à former un demi-couvert qui défendît quelque peu ses hôtes contre le vent et la pluie. Il ne restait plus ensuite qu'à trouver de la paille pour éviter un contact trop intime du corps avec le terrain. C'était tout, à une époque où l'usage des tentes nous était parfaitement inconnu. Il est vrai qu'il n'était pas toujours possible de trouver de la paille, et même des branches en nombre suffisant pour faire un abri tel quel : alors on s'en passait.

Mais il n'était pas aussi facile de se passer de la soupe; aussi était-elle la préoccupation capitale de nos hommes. Pendant qu'une partie d'entre eux s'occupait du bivouac, allumait des feux, faisait bouillir de l'eau dans les marmites, les autres allaient à la recherche de quelque chose de plus substantiel à y mettre. L'un rapportait une oie, l'autre un pain, celui-ci un morceau de lard, celui-là du beurre ou de la farine; parfois même on voyait arriver triomphalement une vache ou son veau. C'est ce qu'on appelait aller au fourrage, autant dire au pillage.

Les officiers en gémissaient souvent, mais que faire et à qui la faute? Il y eut bien quelques distributions de vivres pendant nos manœuvres sur la rive gauche de l'Elbe, mais elles cessèrent ensuite tout à fait. Et pourtant il fallait vivre! Ventre affamé n'a pas d'oreilles, dit-on; il n'a guère de pitié non plus pour les malheureux paysans qu'on dépouille. C'est là peut-être le côté le plus sombre de ces guerres lointaines et sans mesure, où il devient impossible de subvenir régulièrement aux besoins d'une armée, et c'est là certainement leur côté le plus démoralisant pour les soldats. Les moins scrupuleux, tout en cherchant des vivres, se laissaient entraîner à s'emparer de ce qui pouvait leur convenir en fait de vêtements, de linge ou même d'objets plus précieux; hélas! l'on entendait parfois sourdement parler d'excès plus déplorables encore. On les condamnait sans doute, ces excès, on les punissait quand on pouvait en découvrir les auteurs, mais on ne parvenait pas toujours à les prévenir.

Que l'on se figure la situation des pauvres familles de ces villages, avec leurs maisons pillées, leurs champs dévastés, et la crainte continuelle de traitements plus affreux encore. Que l'on se représente les souffrances de tant de malheureuses contrées, comme la Saxe par exemple, traversées en tous sens par des armées ennemies, russes, prussiennes, françaises, se poursuivant tour à tour et laissant partout après elles d'horribles traces de leur passage. Après cela, l'on se couronne de lauriers. Oh! qu'ils coûtent cher, ces lauriers! Ne parlons pas du sang versé, mais qui dira ce qu'il faut de larmes, de misères et d'odieuses violences pour en composer une gloire militaire?

Mais, je le répète, ces excès ne caractérisèrent point nos marches du mois d'avril, ils n'y étaient qu'en germe. Sans doute les populations souffraient de notre passage, mais dans une mesure bien moindre que ce qu'elles eurent à endurer plus tard. Je reviens à mon esquisse.

Faire la soupe était, comme on le comprend, une locution de soldat qui signifiait tout simplement trouver à manger, quelle que fût d'ailleurs la nature du mets ou la manière de l'apprêter. La soupe donc faite et mangée, ce qui portait souvent assez tard dans la nuit, on se dépêchait de dormir ; autre réparation nécessaire et la plus facile de toutes à se procurer : il eût suffi pour cela qu'on nous donnât le temps d'en jouir, mais c'est ce qui n'avait pas lieu. Une heure ou deux avant le jour, à la diane, on allait se ranger en bataille devant le camp, pour y attendre en armes le lever du soleil.

Non-seulement c'était chose dure que d'être ainsi arrachés à un sommeil qui nous semblait commencer à peine, mais c'était aussi un usage dont nous ne pouvions comprendre l'utilité. Pour éviter les surprises du matin, nous disait-on. Soit ; mais, comme nous savions parfaitement que les ennemis faisaient absolument comme nous, nous ne risquions par conséquent d'être surpris, ni les uns ni les autres, ou pour mieux dire, si le danger existait, c'était précisément pendant la partie de la nuit où l'on nous laissait dormir : la précaution restait donc inutile. Raisonnement irréfutable, nous semblait-il ; mais quoi ! la coutume avait parlé, et la coutume étant pour nous, comme la mode pour les dames, une souveraine absolue et indiscutable, elle forçait des centaines de mille hommes à dormir debout pendant deux heures en face les uns des autres, au lieu de goûter le paisible repos dont ils avaient tant besoin.

Si rien de plus urgent ne nous appelait ailleurs, on rentrait au bivouac pour nettoyer ses armes et s'occuper du repas du matin, répétition plus ou moins pâle de celui de la veille. Puis la marche recommençait, et nous apportait son contingent journalier de tribulations. Je ne parle pas de quelques rares rencontres avec les troupes ennemies qui avaient traversé l'Elbe sur plusieurs points, rencontres qui ne furent jamais très-sérieuses et qui excitaient plutôt notre intérêt ; je parle des fatigues de ces longues journées à travers des plaines sablonneuses, où un soleil déjà chaud et des torrents de poussière initiaient nos jeunes soldats aux tourments de la soif. Aussi, malgré les défenses les plus expresses, les voyait-on se précipiter comme une nuée de canards sur toute mare boueuse qui se présentait le long de la route, et y puiser, bien moins l'apaisement de leur soif que l'énervement de leurs forces, et des maladies qui en envoyaient bon nombre dans les hôpitaux. C'était alors aux officiers de les arracher de gré ou de force à cette funeste jouissance, et ils y avaient d'autant plus de mérite qu'ils éprouvaient eux-mêmes, du moins les plus jeunes, un violent désir d'imiter leurs soldats.

Au commencement, le sentiment seul de l'honneur put me donner la force de résister à la tentation et de remplir mon devoir ; mais ensuite il en fut autrement, car je reconnus bientôt la vérité de cette maxime, qui ne me parut d'abord qu'un affreux paradoxe : « Moins on boit, moins on a soif. » Je livre cet aphorisme à qui de droit, sans prétendre toutefois en faire une vérité absolue et d'une application sans limites ; il n'en est guère de telles dans la pratique de la vie.

Oserai-je mentionner ici une autre souffrance qui, quoique très-aiguë, est d'un caractère assez peu relevé? Il s'agit de l'effet produit par un frottement trop prolongé durant la marche sur des chairs encore tendres. Douleur cuisante et devenant toujours plus vive à chaque pas, surtout pour ceux qui avaient eu comme moi la bonne idée de prendre pour chaussure des bottes aussi étroites qu'élégantes, et qu'on ne pouvait plus ôter sans entamer la peau. Je souffris amèrement, et longtemps, de cette cruelle cuisson des pieds (pour ne parler que de celle-là), et ce ne fut qu'en échangean tmes bottes contre des souliers de soldat, et en usant le suif de plusieurs chandelles, que je parvins peu à peu à m'en guérir.

En attendant, il fallait marcher, toujours marcher pour aller à quelques lieues plus loin construire un nouveau bivouac et faire une nouvelle soupe. Ce qui variait quelquefois nos monotones installations, c'était d'y arriver par une pluie battante et trempés jusqu'aux os. Cet inconvénient était peu de chose pendant le jour, l'air extérieur et le mouvement facilitant beaucoup l'évaporation, mais il n'en était pas de même durant la nuit, où la chaleur du corps, seule chargée de cet office, ne parvenait pas toujours à sécher les vêtements. On comprend que les faibles constitutions ne résistassent guère à de telles épreuves, répétées en toute saison et pendant des mois, et qu'il était même difficile que les plus fortes ne s'en ressentissent pas plus tard.

Quant au travail de la construction des bivouacs, assez souvent, il est vrai, il nous fut épargné dans la suite, mais cela n'arriva qu'après la bataille de

Lutzen, lorsque nous nous mîmes à la poursuite de l'armée vaincue. Fréquemment alors, nous nous arrêtions le soir aux lieux mêmes que les ennemis avaient occupés quelques heures auparavant, et nous les remplacions dans les abris où ils avaient couché. Soulagement, si l'on veut, mais qu'il nous coûta cher! C'est à dater de ce moment que nous devînmes la proie de cet odieux parasite du corps humain, qui, une fois introduit dans les troupes en marche, s'y implante et s'y propage avec une effrayante rapidité. Personne n'en était exempt; il n'y avait colonel ou général qui tienne, il fallait y passer. Une lutte journalière ne suffisait pas pour se débarrasser de ces dégoûtants insectes, qui semblent se plaire et prospérer au milieu de la misère et des privations, et il fallait un long repos et des soins assidus pour revenir à un état normal sous ce rapport.

Cette épidémie est particulièrement redoutable pour les hommes sans énergie, pour les corps et les caractères faibles, dont elle fait ses victimes de prédilection, les détruisant parfois moralement et physiquement. Ceci me rappelle ce pauvre apprenti chirurgien qu'on avait sorti des bancs de l'école, comme tant d'autres après les pertes de Russie, pour un service actif auquel il était si peu préparé de toute manière. Long, mince, maigre, pâle, on le voyait toujours silencieux et courbé derrière la compagnie des voltigeurs, qu'il avait adoptée comme un chien abandonné adopte un maître. Il marchait quand elle marchait, s'arrêtait quand elle s'arrêtait, se couchait et se levait absolument comme elle, et la suivait comme son ombre. On l'appelait le *carabin des voltigeurs;* mais, malgré cette désignation peu respectueuse, les voltigeurs l'avaient pris en affectueuse pitié, et, eux aussi, semblaient l'avoir adopté. La meilleure place auprès du feu et la première écuelle de soupe étaient pour lui; ils le soignaient comme un enfant. Un matin, le malheureux ne se leva plus, il était mort à moitié rongé.

Mais nous étions encore exempts de ces misères, lorsque nous parcourions, dans un pays non épuisé, tant de bourgs et de villages comme Ersleben, Meersleben, Wanzleben, Aschersleben, et une foule d'autres *leben* qui nous fournissaient d'abondantes ressources. Quelquefois même nous jouissions d'un demi-cantonnement, pendant un jour ou deux, dans ces villages. Les soldats passaient alors la nuit dans des granges, où on leur portait des vivres, et les officiers mangeaient à la table des habitants les plus aisés. C'est ce qui m'arriva, par exemple, dans la jolie ville de Halberstadt, très-charmé que je fus de cette aubaine, et parfaitement réconcilié avec la cuisine allemande qui m'avait d'abord choqué.

Toutefois, dans les rapports que nous soutenions avec le pays, il ne nous était pas difficile de reconnaître, même sans en savoir la langue, que nous étions fort peu populaires, malgré nos qualités aimables et nos titres à la gloire. Cela nous étonnait beaucoup, et, en vrais Français que nous étions, nous trouvions souverainement injustes et aveugles ces gens qui ne savaient pas nous aimer ou au moins nous admirer. Mais, il n'est que trop vrai, nous étions fort peu aimés, ou, pour mieux dire, nous étions haïs cordialement comme la suite le prouva ; et, certes, pas un Français d'alors n'aurait pu se vanter d'avoir excité dans cette population hostile quelque sentiment d'admiration ou d'amour, — excepté moi, pourtant, qui en fus l'objet durant tout un jour et dans un grand village. Voici le fait.

Il y avait un certain régiment qu'on appelait les *Enfants de Paris* et avec lequel nous marchâmes de conserve pendant quelque temps, je ne sais pourquoi, car il ne faisait pas partie de notre corps d'armée. Il s'était battu, disait-on, en Pologne et s'était fait une réputation de bravoure, bien méritée, je n'en doute pas ; mais il en avait une autre que je crois qu'il n'avait pas volée non plus, celle d'être composé d'assez mauvaises têtes et surtout de grands pillards. Un riche et beau village, situé à une lieue du camp, en savait quelque chose, ou plutôt en souffrait horriblement. De vives plaintes furent portées au général, qui crut devoir protéger des habitants inoffensifs et qui faisaient parvenir régulièrement leurs contributions de vivres à l'armée ;

en conséquence, notre colonel reçut l'ordre d'envoyer immédiatemeut des hommes de son régiment pour mettre fin à ces excès.

Je me trouvai chargé de cette mission. On me confia une demi-compagnie, et, comme la nuit approchait, on me dit : Prenez un guide, mais surveillez-le de près ; chassez du village les maraudeurs, et restez-y établi jusqu'à ce qu'on vous rappelle. Une commission si honorable s'adressait à mes meilleurs sentiments, et je me jurai à moi-même qu'elle serait fidèlement remplie, quoi qu'il pût arriver.

A mon entrée dans le village, je reconnus qu'on n'avait rien exagéré et qu'une intervention vigoureuse devenait absolument nécessaire. C'étaient partout des cris et du tumulte, partout des soldats entrant dans les maisons ou en sortant avec du butin. A cette vue, mon indignation s'enflamme, je m'élance en avant de ma troupe qui a peine à me suivre, je me précipite sur ces misérables, je les poursuis à coups de plat de sabre et répands parmi eux une telle épouvante, que les pillards jettent leurs paquets pour fuir plus vite. En un clin d'œil la place fut évacuée. J'établis alors une garde devant la Maison commune, le reste de mes hommes devant bivouaquer dans les salles d'en bas : mesures conseillées et dirigées par mon vieux sergent-major, qui avait fait la guerre en Espagne.

Quant à moi, je fus respectueusement conduit dans la maison en face, la plus belle de l'endroit, et installé dans la chambre d'honneur, où se trouvait un immense lit à colonnes qui devait être le mien. Je m'y vis bientôt entouré des principaux habitants, et le bailli (je crois que c'était le bailli) m'adressa une harangue dont je ne comprenais pas les mots, mais dont le sens était évident : il me bénissait de l'énergique protection que je venais de leur accorder. Un vieillard s'avançant ensuite, tira de dessous sa houppelande une bouteille qu'il me présenta, et la vénérable poussière dont elle était couverte, annonçait assez qu'elle avait été longtemps réservée pour quelque grande occasion.

Mais je me trouvais alors dans un moment d'exaltation, je me sentais de hautes pensées, des aspirations à la vertu antique, et il me parut qu'accepter un présent, quel qu'il fût, c'était rabaisser mon rôle, c'était me rabaisser moi-même. Je refusai donc avec dignité, mais avec décision. Voilà mes gens stupéfaits; ils se regardent les uns les autres, et se parlent à l'oreille... Je suis convaincu qu'ils me comparaient aux hommes de Plutarque, si du moins ils avaient lu Plutarque, ce que je ne voudrais pas affirmer.

Le lendemain, je parcourus de nouveau ce village (que je pourrais presque appeler un petit bourg), jouissant en moi-même de la sécurité rendue à cette population qui respirait en paix sous ma garde. Me trouvant ainsi à mon tour commandant de place, je me hâtai d'en remplir un des principaux devoirs, en adressant un rapport à mon colonel, rapport que je rédigeai de mon plus beau style, n'atténuant, certes, ni les violences des coupables, ni les souffrances des pauvres gens, ni leur reconnaissance pour le secours efficace qu'on leur avait porté. — Malheureusement pour eux, mon gouvernement dura encore moins que celui de Sancho dans son île. Notre régiment ayant reçu l'ordre de partir, je dus le rejoindre le soir même, au grand regret de mes administrés, qui ne pouvaient espérer un plus digne gouverneur que celui qui les quittait.

Croira-t-on qu'une mission si bien remplie finit par me causer des ennuis, et risqua même d'avoir pour moi des conséquences plus fâcheuses? C'est pourtant ce qui arriva. Mon rapport avait été remis au colonel pendant qu'il dînait chez le général avec quelques officiers, parmi lesquels se trouvait le colonel des Enfants de Paris. Soit que mon chef fût frappé de mon éloquence, soit par pure malice, il lut tout haut ce rapport, où les susdits Enfants de Paris étaient traités de *brigands*, expression un peu vive, je le reconnais. Mais au lieu de ne voir là qu'une amplification oratoire, leur colonel se fâcha tout rouge et jura qu'il me ferait rompre les os par ses sapeurs. Ce propos me fut rapporté, et l'on ajouta que tous les officiers de son régiment voulaient me demander raison d'une telle insulte.

Cette situation me préoccupa péniblement. Il me paraissait extrêmement dur, non-seulement d'avoir à craindre d'être assommé par des sapeurs, mais d'être encore obligé de tuer successivement tout un corps d'officiers, avant de pouvoir vivre tranquille. Ces pensées me poursuivirent pendant deux jours, et j'en rêvais la nuit. Je compris enfin qu'un tel état ne devait pas durer, et qu'il valait mieux trancher la question, quelque funeste qu'en put être la solution.

En conséquence, par une belle après-midi, je me rendis au bivouac des Enfants de Paris, qui n'était qu'à quinze minutes du nôtre, et je m'y promenai les bras croisés, regardant à droite et à gauche, passant devant les sapeurs, m'arrêtant auprès des officiers, sans que personne m'adressât un mot de provocation, ni même un regard de travers. Il est vrai que l'expérience n'était pas complète, en ce sens que très-probablement je n'étais pas connu de visage, et que d'ailleurs je ne m'étais point nommé. Malgré cela, cette excursion me fit du bien, elle me rendit toute ma tranquillité. Du reste, les Enfants de Paris nous quittèrent deux jours après, et je ne les ai plus revus.

C'est très-bien, me dira-t-on, et nous sommes charmés que vous ayez trouvé un si bon remède à vos inquiétudes, quoique nous ne saisissions pas parfaitement la raison de son efficacité. Mais la rédaction de votre rapport et quelques-uns de vos procédés au village, ne sembleraient-ils pas laisser entrevoir une tête encore un peu éventée? — J'en conviens, et pourquoi n'en conviendrai-je pas? J'ai parlé de la salutaire influence qu'exerça sur moi mon métier de soldat, mais je n'ai pas dit qu'il me changea subitement en homme prudent et rassis.

CHAPITRE II

Nos premières batailles sont des victoires

Nous étions aux derniers jours d'avril, et les hostilités allaient sérieusement commencer. Napoléon, suivi de 140,000 hommes, débouchait des forêts de la Thuringe et descendait la Saale par sa rive gauche, tandis que le prince Eugène la remontait avec ses 60,000 hommes. Les deux armées devaient se rejoindre, entre Mersebourg et Weissenfels, pour opérer ensemble le passage de la rivière, surprendre les ennemis et leur livrer une bataille décisive. Manœuvre gigantesque et admirable, disent tous les juges militaires.

Certes, on peut me croire, je n'ai pas la folle prétention de refaire l'histoire de la brillante campagne du printemps de 1813, non plus que des suivantes, histoire déjà écrite de main de maîtres et qui le sera sans doute encore par des hommes compétents. Ma seule affaire est de raconter ma propre histoire, c'est-à-dire celle de mes impressions personnelles durant ces campagnes. Trèsmince sujet, sans doute, mais qui pourrait pourtant offrir quelque utilité à qui voudrait faire l'étude des dispositions morales de l'armée française à cette époque ; absolument comme un naturaliste qui, devant une immense fourmilière, dirigerait sa loupe sur un seul individu, non pour faire honneur à cette fourmi, mais pour en tirer des conclusions sur les allures de l'espèce. Quoi qu'il en soit, utile ou non, c'est mon histoire que vous m'avez demandée, et c'est mon histoire que je vous donne.

J'aurai certainement recours aux historiens pour me fixer sur des noms, des dates, et des circonstances qui faisaient confusion dans ma mémoire ou qui m'étaient restées inconnues, mais je ne prendrai des grands événements qu'ils racontent que ce qu'il en faudra pour éclairer ma marche et faire, pour ainsi dire, un cadre à mon portrait. Ne vous récriez pas trop, je ne suis pas le seul qui se fasse ainsi le centre de ce qui se passe autour de lui.

Le 30 avril, notre corps d'armée arrivait à Merseboug et y traversait la Saale sans rencontrer de résistance, parce que le maréchal Ney ayant déjà effectué le passage un peu plus haut (à Weissenfels, où il avait livré un rude combat), l'ennemi avait dû abandonner des positions qui allaient être tournées. De là, on nous fit marcher rapidement sur Markranstædt, où nous arrivâmes en effet au matin de la grande journée du *2 mai.*

Circonstance émouvante, si nous avions pu la connaître : nous nous trouvions exactement placés à égale distance (deux lieues environ) de Lutzen et de Leipzig; nous touchions de la main, pour ainsi dire, et nous pouvions embrasser du regard ces deux champs de bataille futurs, dont les noms résument toute la guerre de 1813 : l'un marquant son début par une mémorable victoire, l'autre sa fin par une défaite plus mémorable encore.

Le général Lauriston, qui formait l'avant-garde de l'armée, avait reçu la mission de courir sur Leipzig, de s'en emparer et de s'établir au delà de l'Elster, dans ces vastes plaines où Napoléon pensait surprendre les alliés et les défaire. Le 5e corps était donc destiné à porter les premiers coups dans la grande bataille qui allait se livrer; et, en effet, vers les huit heures du matin, nous fûmes lancés sur la route de Leipzig.

Jusqu'alors, je n'avais pas eu l'occasion de me trouver personnellement aux prises avec l'ennemi, je ne l'avais encore vu que de loin dans les quelques rencontres qui avaient eu lieu. Aussi, plus le moment approchait de le voir de près, plus je sentais une curiosité, mêlée d'émotion, de savoir comment je me comporterais au feu. Tout en marchant, je faisais parler mon sergent-major, à qui il ne déplaisait pas de faire montre de sa vieille expérience dans les batailles.

En cet instant même, une circonstance inattendue venait électriser nos jeunes soldats et les remplir d'enthousiasme. Napoléon passait le long de nos colonnes, suivi d'un brillant état-major, brillant surtout par les noms de ces généraux, ses compagnons de gloire, au milieu desquels se trouvait *le brave des braves*, le maréchal Ney. (Il ne se doutait pas qu'à quatre lieues de là, son corps était attaqué et fortement compromis.) — Nous entendions alors de très-près la fusillade et la canonnade, car nous nous trouvions aux portes de Leipzig, et notre première division, commandée par le général Maison, emportait vaillamment sur les Prussiens les ponts de l'Elster, puis la ville elle-même.

Puisque je viens de le nommer, je signalerai dès à présent à votre intérêt sympathique notre futur général, *cet intrépide Maison*, comme se plaît à l'appeler M. Thiers. Déjà, pendant la retraite de Russie, il s'était montré l'émule et presque l'égal de Ney en bravoure, et sa réputation grandit encore dans ces deux campagnes de 1813, où il rendit célèbres dans l'armée sa division et lui. Hélas! à quel prix? Il maniait sa division comme un chevalier errant maniait son épée, mais cette division n'étant pas enchantée, elle s'ébréchait toujours plus par les coups terribles et redoublés qu'elle frappait, en sorte qu'après la bataille de Leipzig il n'en resta plus qu'un tronçon.

Notre seconde division s'était arrêtée à une portée de canon du combat, mais sans y être encore engagée, et nous regardions avec le profond intérêt qu'on peut croire les prisonniers et les blessés qui en arrivaient tout sanglants. Nous n'attendions plus que l'ordre de marcher en avant, lorsque, tout au contraire, on nous fit subitement changer de front, en sorte que, au lieu de regarder Leipzig, nous lui tournions presque le dos. Qu'était-il arrivé? — Depuis quelques moments, un formidable bruit d'artillerie, qui allait toujours croissant, se faisait entendre à notre droite : c'était la bataille de Lutzen qui commençait, et qui remplaçait celle que nous avions cru livrer. Napoléon ne s'y trompa point. Pendant que nous les tournions, s'écria-t-il, ils nous tournaient nous-mêmes, mais ils nous trouveront prêts partout.

Le corps de Ney, qui servait de pivot à tous les autres, était campé dans les plaines de Lutzen, et il venait d'y être surpris et attaqué par l'armée ennemie. C'étaient 48,000 hommes contre près de 100,000, et si les nôtres n'étaient pas promptement secourus, ils allaient être écrasés et notre armée coupée en deux. Napoléon y pourvut par une de ces manœuvres hardies que lui seul pouvait concevoir, ou du moins exécuter avec de telles masses.

Il renverse immédiatement l'ordre de marche de cette immense colonne qu'il poussait sur Leipzig et lui fait rebrousser chemin, à l'exception du corps de Lauriston, qui, ayant d'abord formé la tête, se trouvait par conséquent le plus éloigné du nouveau champ de bataille. Il lui ordonne de tenir ferme dans Leipzig avec sa première division, et d'échelonner les autres du côté de Lutzen. Puis il y court de sa personne, suivi de 18,000 hommes de sa vieille garde. Les secours se succèdent ainsi et se hâtent, mais il leur fallait deux ou trois heures pour arriver. Il était onze heures du matin.

Je n'ai pas à raconter les terribles péripéties de cette sanglante bataille, je n'y étais pas. Non, je n'étais pas à Lutzen ! C'est le cri de conscience que je fis entendre, lorsqu'on inscrivait cette journée dans les états de service du régiment. Il est vrai qu'on argumenta pour me démontrer que ma conscience se trompait, et qu'aussitôt qu'un corps de troupes avait concouru à une bataille, fût-ce de loin et sans même avoir tiré un coup de fusil, ce corps avait un droit légitime à être porté comme acteur dans la journée, et à en recueillir de la gloire, s'il y en avait ; on me cita à cet égard des exemples aussi nombreux que concluants. Soit, s'il en est ainsi, alors je puis dire que j'étais à Lutzen. Mais n'est-il pas étrange que les deux tiers du 5e corps soient restés complétement inactifs dans une bataille qu'il avait engagée, et dont il devait supporter le principal effort ? O prévision humaine !

Napoléon, ayant donc remporté son éclatante victoire de Lutzen, ne tarda pas à en profiter, car il était maître en cet art. Dès le 4 Mai, tous ses corps, sauf celui de Ney qui avait le plus souffert, étaient en marche à la poursuite des ennemis. Lauriston, pour sa part, devait courir sur Meissen, à quatre lieues au-dessous de Dresde, afin de surprendre, s'il était possible, ce passage important de l'Elbe. Il y trouva l'arrière-garde prussienne qui essaya de le défendre, mais en vain; la division Maison se chargea de l'enlever, et nous ne fûmes encore là que spectateurs de ses exploits. C'est le rôle naturel de toute première division, puisqu'elle marche en tête, de frayer le chemin aux autres et de renverser seule les premiers obstacles, autant du moins qu'elle y peut suffire. Or, comme la besogne ne manque pas, et qu'elle se renouvelle presque chaque jour, c'est un rôle fort glorieux que le sien, mais très-fatigant.

Quand le corps de Ney se fut un peu refait, il alla traverser l'Elbe à Torgau et s'avança sur la route de Berlin. Nous le suivîmes sur cette route, complétant ainsi à son général une armée de 60,000 hommes, destinée, dans la pensée de l'Empereur, à s'emparer de nouveau de la capitale de la Prusse. Nous n'en étions plus qu'à une vingtaine de lieues, quand, au lieu de continuer notre marche en avant, nous reçûmes l'ordre de nous rabattre en arrière et de nous porter rapidement sur

Bautzen. C'était là, en effet, que les monarques alliés avaient résolu de livrer une seconde grande bataille, et en conséquence toutes leurs forces, ainsi que les nôtres, se concentraient sur ce point. Dans ce mouvement rétrograde, le 5e corps était devenu l'avant-garde de Ney, et le 19 mai, il se trouvait déjà proche du nouveau champ de bataille.

Je me demandais naturellement si ce serait à Bautzen que ma curiosité se trouverait enfin satisfaite, touchant ma tenue au feu. Je ne me doutais guère que l'épreuve s'en ferait auparavant, et qu'elle aurait lieu ce soir même. Voici comment cela arriva. Les alliés avaient détaché de leur aîle droite un corps de 24,000 hommes pour arrêter la marche du maréchal Ney, qui menaçait de les prendre en flanc. Le croyant fort réduit par ses pertes à Lutzen, ils espéraient lui faire subir un échec, ou tout au moins l'empêcher de prendre part à la bataille qui se préparait. Ce corps, composé de Russes et de Prussiens, marchait en deux colonnes, dont l'une rencontra la division italienne du général Peyri, qui s'avançait de notre côté pour nous tendre la main et nous relier avec le reste de l'armée. Cette malheureuse division, faute de se bien garder, se laissa surprendre aux environs de Kœnigswartha et perdit beaucoup de monde.

Quant à nous, nous eûmes à faire avec la colonne prussienne, commandée par le général D'York. Nous la rencontrâmes vers le soir, près du village de Weissig où la route traverse une forêt. L'attaque eut lieu immédiatement et notre régiment s'y trouva en première ligne. L'heure et le théâtre du combat étaient vraiment faits pour monter l'imagination.

Sur ce terrain uni et tapissé d'aiguilles de sapin que présentent d'ordinaire les forêts de cette espèce, au milieu de ces innombrables colonnes lisses, parfois assez espacées et qui portent si haut leur dôme de verdure, dans ces chemins de traverse ménagés pour l'exploitation, non-seulement l'infanterie pouvait manœuvrer, mais on pouvait aussi faire jouer l'artillerie. Une fois l'action commencée, le bruit incessant de tant d'armes à feu, rendu plus formidable encore par les échos qui le répétaient, les éclairs continuels jetés par les fusils et les canons au milieu de la nuit, et qui répandaient ainsi, à courts intervalles, sur les combattants et les feuilles des arbres une lumière fantastique, tout cela formait comme une magnifique décoration à cette scène guerrière, qui ressemblait presque à une bataille d'opéra.

En avançant toujours à travers la fusillade, nous finîmes par aborder à la baïonnette les ennemis qui se barricadaient derrière des monceaux de bois coupé. J'étais alors comme enivré du combat ; je me jetai à la tête de ma compagnie, l'épée à la main, l'entraînant au cri de vive l'Empereur. La mêlée fut vive, on se battait corps à corps. Saisi par un Prussien vigoureux qui me tirait à terre, j'allais être tué ou pris, quand mon sergent-major, qui ne m'avait pas quitté, enfonça sa baïonnette dans le corps de mon ennemi et m'en délivra. La victoire se déclara pour nous. Bientôt, tout braves qu'ils étaient, les Prussiens se mirent en retraite, et nous les accompagnâmes à coups de fusil assez loin dans la forêt.

Il pouvait être dix ou onze heures quand nous cessâmes la poursuite, mais alors, au milieu des ténèbres, notre bataillon se trouva dans un assez grand embarras. Il s'était fort avancé dans le bois, sans trop se préoccuper des autres qui, en raison de la nature des lieux, faisaient aussi leur affaire à part. La question était maintenant de rejoindre la division, ou au moins le régiment ; mais de quel côté les chercher? La nuit était profonde, nous n'avions aucun moyen de nous orienter, et nous risquions, ou de nous jeter au milieu d'un corps ennemi ou de nous fusiller avec quelques-uns des nôtres, égarés comme nous dans la forêt.

Dans cette situation, notre commandant réunit ses officiers en conseil de guerre et leur demanda leur avis. Nous formions un cercle étroit autour de lui, lorsque, à mon grand étonnement, je fus invité à prendre le premier la parole. J'appris bientôt que ce n'était pas pour me faire honneur, mais tout simplement pour suivre la règle, parce que j'étais le plus jeune. J'ouvris donc la délibération, et mon avis fut que, pour éviter les deux dangers signalés, nous devions rester tranquillement où nous étions et y attendre le jour. Eh bien, cet avis judicieux ne fut pas suivi ; mes anciens se crurent plus sages en décidant qu'il fallait chercher de notre mieux à nous tirer de là, sous prétexte que nous n'avions rien à manger. On partit donc à tâtons, et il arriva précisément ce que j'avais voulu prévenir, nous échangeâmes quelques coups de fusil avec notre second bataillon. Heureusement qu'ils ne causèrent aucun mal ; ce qui ne m'empêcha pas de m'écrier, en moi-même, avec une certaine satisfaction : Voilà ce que c'est que de ne pas écouter les gens !

Le lendemain, au point du jour, on fit l'appel dans chaque compagnie pour constater les pertes et faire un rapport sur le combat de la veille. Mon sergent-major était enthousiasmé de ma conduite, et, comme c'était lui qui rédigeait la situation, il voulut absolument me mettre au nombre et même à la tête de ceux qui s'étaient le plus signalés. Il me semblait bien qu'il n'en devait pas être ainsi et que ce n'était pas là ma place, mais il tint bon, et je finis par me fier à sa vieille expérience, à laquelle il en appelait hautement ; en conséquence, je signai moi-même le témoignage honorable qui m'était rendu. C'était à moi, en effet, de le signer, parce que je restais seul des trois officiers de la compagnie ; les deux autres étant tués, le commandement me revenait.

On dut sourire à l'état-major, je n'en doute pas,

à la lecture de ce rapport; mais il n'y eut que demi-mal, parce que je m'étais réellement bien conduit, et notre commandant lui-même m'en fit le compliment et m'annonça que je serais porté pour la croix. Elle ne vint pas, il est vrai, mais je suis sûr que ce ne fut pas la faute du digne commandant, à la bonté duquel je sens le besoin de rendre hommage ici.

Le commandant Chapuzet, né à Briançon, était capitaine et aide-de-camp du général Plauzonne, lorsqu'il fut appelé comme chef de bataillon à la formation de notre régiment. Il s'y fit également respecter et aimer des officiers et des soldats, dont il était vraiment le père. Il disait souvent que, amené à l'armée par la conscription, il savait par expérience combien les paroles dures étaient douloureuses pour les conscrits, et il voulait qu'on les leur épargnât. Il m'avait pris en amitié à cause de ma jeunesse. Déjà officier à votre âge! s'écriait-il; ah! si j'avais pu commencer ainsi, je serais plus avancé que je ne le suis.

Il avança pourtant, car, lorsque notre colonel fut fait prisonnier, au mois d'août suivant, il le remplaça en cette qualité et commanda le régiment jusqu'à la fin de 1813. En 1814, après la paix, et lorsque ce même régiment fut réorganisé à Condé sous le nom de 42me, il resta à sa tête, malgré le retour de colonels plus anciens, et il le commandait encore à Waterloo. En sorte que j'ai servi sous lui pendant toute ma carrière militaire. Je lui avais voué un sincère attachement, et, quoiqu'il soit mort sans doute depuis bien des années, je conserve encore pour sa mémoire la plus vive reconnaissance, non-seulement à cause de l'indulgence paternelle qu'il eut toujours pour mes petites sottises, mais surtout pour les excellents conseils qu'il me donna.

On peut le dire, notre jeune régiment s'était très-bien comporté pour son début, et il avait ainsi fondé la bonne réputation qu'il conserva depuis, mais il l'avait payée cher. Nous avions perdu vingt-trois officiers (dont cinq élèves de Saint-Cyr sur onze que nous étions), proportion peu ordinaire, et, dans notre bataillon, la moitié de la compagnie de voltigeurs avait été couchée par la mitraille.

Lorsque je visitai notre champ de bataille, je me sentis saisi à la vue de tant de cadavres qui jonchaient la terre dans toutes les attitudes, et qui gardaient un affreux silence, eux qui avaient tant crié la veille. Je vois encore celui de ce voltigeur qui fixait le ciel de ses yeux vitreux tout grands ouverts, et dont la bouche contractée semblait prononcer des mots. Il avait évidemment lutté contre une agonie bien douloureuse, car son corps, courbé en arc, ne s'appuyait sur le sol que par les talons et le sommet de la tête. Etrange position, qui me paraissait inexplicable et qui m'impressionna tellement, que l'image de ce cadavre est restée toujours gravée dans ma mémoire. Un contraste venait ajouter encore à la navrante tristesse de ce lieu, c'étaient les rayons du soleil naissant qui, se glissant entre les arbres, faisaient scintiller également les gouttes de rosée sur les feuilles et sur les morts.

Mais il me restait une tâche active à remplir, car j'étais là pour m'assurer que tous nos blessés étaient relevés et surtout retrouvés. Avertis par le rôle de la compagnie, il nous fallait aller, souvent au loin, chercher dans les buissons, dans les fossés, ceux qui nous manquaient encore, et qui peut-être mouraient lentement à l'écart sans pouvoir se faire entendre. C'est, en effet, dans une telle situation qu'en fouillant le bois avec persistance, je finis par retrouver notre lieutenant. Oh ! que d'affreuses misères entassées sur une pareille fin ! Aussi je comprends l'axiome du soldat : « Plutôt tué que blessé ; » mais je ne comprends pas, je l'avoue, ceux qui disent : « Plutôt blessé que prisonnier. »

Devant ces horreurs du champ de bataille, je me demandai sérieusement ce que j'aurais éprouvé si je les avais pu voir s'accumuler autour de moi, au lieu de les laisser toujours derrière en avançant ; je me rappelai que, dans l'enivrement du bruit et de la fumée, je n'avais rien aperçu de ce qui m'émouvait si fort maintenant, et j'eus assez de bon sens pour me dire que mon exaltation de la veille n'était pas une garantie pour l'avenir. J'avais raison, car je découvris ensuite qu'en fait de courage militaire, j'avais juste ce qu'il en fallait pour remplir convenablement mon devoir, et pas plus.

Pour me distraire de mes lugubres pensées, je profitai du repos qu'on nous laissait encore ce jour-là, pour aller respirer un peu loin dans la campagne. Après avoir erré solitairement pendant une heure environ, je crus prudent de regagner le camp dont je me trouvais alors assez éloigné, et afin de m'assurer de la direction à suivre, je m'approchai d'un village dans lequel j'entendais comme un tumulte de soldats. En ce moment même, j'en vis un grand nombre sortir précipitamment : ils étaient sans armes et s'enfuyaient en désordre.

Je puis me rendre cette justice que je déteste incommoder les gens. C'est une qualité, sans doute, mais il ne faut pas la pousser trop loin, comme me le fit observer l'aide-de-camp qui, en cette occasion, m'empêcha d'être pris par les Cosaques. Il était à cheval et courait fort vite. Il s'arrêta pourtant en apercevant un officier isolé, et me dit rapidement que ces guêpes russes avaient surpris le village plein de maraudeurs, qu'elles poursuivaient les fuyards, et que je ne pouvais leur échapper qu'en sautant lestement en croupe derrière lui. Je répondis que je craignais de le retarder, de compromettre son retour... — Au diable vos façons, s'écria-t-il; est-ce le moment d'en faire?

Montez vite. — Avec son aide, j'enfourchai son cheval et nous partîmes au galop. Il était temps, les Cosaques se répandaient déjà dans la plaine. Heureusement son coursier était excellent ; en quelques minutes, nous fûmes hors d'atteinte, et bientôt après, il me déposa dans mon camp. On peut penser si je le remerciai cordialement. On l'avait envoyé vers les troupes de Ney, qui nous suivaient de près, et c'est en revenant qu'il m'avait rencontré si à propos.

De telles échauffourées de cosaques n'étaient pas rares et elles le devinrent toujours moins dans la suite, surtout lorsque nous fûmes obligés de battre en retraite. Cette cavalerie nomade ne pouvait pourtant rien contre des troupes en bon ordre, et n'offrait pas même de résistance à une attaque sérieuse, mais elle était excellente pour profiter d'un désordre et pour l'augmenter. Elle se rendait redoutable aux soldats débandés, et dangereuse pour les convois de munitions ou de blessés; elle tournait sans cesse autour de nos colonnes, à la manière des chacals, pénétrait partout, paraissant où on l'attendait le moins et disparaissant avec une merveilleuse promptitude, grâce à ses infatigables petits chevaux. Aussi les cosaques s'étaient-ils fait une bruyante réputation parmi nos soldats, qui, non-seulement prononçaient souvent leur nom, mais en avaient fait le nom générique des ennemis.

Quelques heures après mon retour, nous étions

en marche sous le maréchal Ney, qui avait réuni tous ses corps sous sa main, et nous campions le soir sur la Sprée, à une lieue ou deux du point où nous devions combattre le lendemain.

On sait qu'il y eut deux batailles de Bautzen, parce qu'il y avait deux positions successives à emporter. La première bataille, celle du pont de Bautzen, venait de se donner en notre absence dans l'après-midi du 20 mai; c'était la moins importante et comme le prélude de la seconde, celle qui allait se livrer le 21, et qu'on appelle aussi bataille de Wurtzen. L'Empereur avait réservé pour cette journée l'entrée en action des 60,000 hommes de Ney. Ce maréchal, placé sur l'aîle droite de l'armée alliée, devait la tourner et lui couper la retraite. On prétend qu'il n'exécuta pas ce mouvement avec sa rapidité et son audace ordinaires, et que, tout en déterminant la victoire, il ne lui fit pas porter tous les fruits qu'elle devait avoir, d'après le plan de Napoléon. Je n'ai, on le comprend, et ne puis avoir aucune opinion sur ce point. Tout ce que je sais, c'est que nous manœuvrâmes longuement durant toute la matinée, dans une plaine entrecoupée de marécages, d'étangs et de petits ruisseaux, tandis que l'artillerie tonnait sur notre droite, où la bataille était fortement engagée.

Mais, pendant que nos divisions avançaient ainsi lentement et par longues colonnes, j'eus un moment très-pénible: je me crus l'objet d'un attentat.

Je marchais au pas et l'épée à la main, selon l'ordonnance, devant le centre de mon peloton, avec toute la gravité d'un officier à la parade. Tout à coup j'entends derrière moi le sifflement d'une gaule, et je reçois dans le dos un coup sec et vigoureux. Je me retourne furieux, je parcours d'un regard flamboyant tous ces visages à moi bien connus ;... ils respiraient le calme de l'innocence ! Tous mes hommes marchaient parfaitement alignés, l'arme au bras et sans la moindre gaule dans les mains. — J'eus bientôt le mot de l'énigme. C'était un coup de fusil, parti par hasard à la queue de notre colonne, et dont la balle, obéissant aux lois de la balistique, avait décrit une courbe régulière qu'elle venait d'achever entre mes épaules. Le corps du délit fut retrouvé à terre.

Cependant la journée qui commençait devait apporter dans nos rangs autre chose qu'une balle morte, qui n'était pas même une balle ennemie. Le moment était venu pour nous d'entrer en action ; nous avions devant nous les Russes de Barklay de Tolly, et il s'agissait de leur enlever des positions qu'ils occupaient avec une formidable artillerie, plus nombreuse que la nôtre.

C'est notre première division qui, comme à l'ordinaire, fut mise aux prises avec la solide infanterie qu'il fallait refouler. Les autres divisions restèrent derrière elle à portée de fusil, pour l'appuyer ou au besoin la remplacer. Mais l'avantage (si c'en est un) d'une sécurité relative n'était plus pour nous en cette occasion, et sous ce rapport, nous aurions volontiers changé notre position contre la sienne. En effet, elle combattait activement, criait vive l'Empereur, avançait ou se démenait au milieu du bruit et de la fumée, tandis que nous devions rester l'arme au bras, silencieux et immobiles, sous une grêle de boulets : nous étions *de garde des pièces.* — Cette expression signifie qu'une troupe est rangée derrière une ligne de canons, pour être prête à la défendre contre toute attaque de cavalerie ou d'infanterie. Sans doute les deux lignes opposées d'artillerie dirigent surtout leurs coups l'une contre l'autre, parce qu'elles cherchent mutuellement à se démonter leurs pièces, mais elles tirent souvent aussi contre les défenseurs, pour les ébranler et préparer le succès d'une charge; en tout cas, les boulets qui traversent une ligne d'artillerie ne s'y arrêtent pas toujours, et viennent fréquemment labourer la troupe qui est derrière.

Cette position est certainement une grande épreuve, surtout pour de jeunes soldats, en raison de la silencieuse immobilité qu'ils doivent conserver. A chaque instant, un cliquetis de fusils qui tombent annonce qu'une file vient d'être atteinte ; ce que ne confirme que trop le lugubre commandement : *serrez, serrez,* qui interrompt un moment le silence pour se répéter bientôt après. Oh! que le temps paraît long! Comme les regards se tournent souvent vers ce soleil qui semble ne pas marcher et rester cloué dans le ciel ! Une heure compte alors des centaines de minutes. — Malgré tout, nos soldats gardèrent leurs rangs ; mais qui pourrait s'étonner, si l'on vit pâlir ces figures si animées dans le combat du 19, qui était pourtant bien plus meurtrier? Mais ici, nulle distraction que le bruit continu de l'artillerie.

Or la musique du boulet n'est pas variée, elle n'a que deux tons. Quand ces projectiles arrivent de pleine volée, ils restent invisibles et n'annoncent leur passage que par un souffle court, qui donne froid. Quand ils ricochent, c'est-à-dire quand, après avoir touché terre, ils se relèvent par bonds successifs, on les aperçoit dans l'air comme autant de points noirs, et ils font entendre une sorte de gémissement, un son plaintif, que l'écriture ne saurait peindre. Il se produit alors une singulière illusion d'optique : chacun de ces points noirs semble vous arriver en plein visage. De là, ces têtes qui se baissent ou se penchent pour éviter le coup. Pauvre expédient, direz-vous. Sans doute ; mais il ne faut pas oublier que ces mouvements ne sont pas le fruit du pur raisonnement, et l'on ne s'en corrige que peu à peu.

Comment avais-je supporté l'épreuve? C'est ce que voulut savoir, quand l'affaire fut finie, notre capitaine de grenadiers, ancien serviteur de la République et décoré. Comme ma compagnie suivait la sienne, nous étions souvent en rapport. Voici comme il m'interpela : Eh bien, mon brave, nous n'avons pas eu peur aujourd'hui ? — J'hésitai un peu, puis je répondis : Ma foi, capitaine, il y a bien eu quelque chose comme cela. — A la bonne heure, dit-il en me frappant sur l'épaule, c'est une réponse loyale et je vous en estime davantage. Sachez que nul ne peut se trouver dans cette situation sans ressentir un peu d'émotion, surtout à votre âge.

Je laisse aux historiens militaires de vous présenter le tableau complet de la bataille, et je me contente de dire que, sur le soir, les ennemis étant partout forcés à la retraite, nous franchîmes enfin, à travers de sanglants débris et en poussant de bruyantes acclamations, les positions redoutables qu'ils nous avaient si vivement disputées. Oh ! qu'elle doit être enivrante pour les chefs, l'orgueilleuse joie d'une grande victoire, puisqu'elle pénètre jusqu'aux derniers rangs de l'armée ! Ce soir-là, j'en connus quelque chose pour la première fois, mais aussi pour la dernière.

Le lendemain 22 mai, après quelques heures de repos, nous poursuivîmes les alliés qui cherchaient à gagner Breslau, pour s'abriter derrière l'Oder. Napoléon les suivit de près avec tous ses corps d'armée, celui de Lauriston en tête. Mais cette poursuite, qui dura sept jours et nous amena devant Breslau, ne présenta guère, outre les luttes journalières avec l'arrière-garde, que deux incidents sérieux.

Le premier fut le combat de cavalerie de Reichenbach, où nous perdîmes deux généraux, et où un boulet blessa mortellement le grand maréchal du palais, Duroc, si fort estimé et aimé de l'Empereur. La scène de sa mort, déjà touchante par elle-même, fut accompagnée, dit-on, d'une circonstance bien extraordinaire : NAPOLÉON PLEURA.[1]

Le second incident fut l'échec éprouvé, le 26 mai, à Haynau, par notre vaillante première division qui marchait toujours à l'avant-garde. Les ennemis lui avaient habilement préparé une surprise, en cachant à l'issue d'un défilé cinq ou six régiments de grosse cavalerie, qui fondirent à l'improviste sur nos soldats avant qu'ils pussent se former en carrés, les mirent en déroute et en tuèrent un grand nombre. Leur malheureux général était au désespoir, quoiqu'il n'y eût nullement de sa faute ; c'était le maréchal Ney qui l'avait imprudemment poussé en avant, parce que Napoléon se plaignait qu'on ne fît pas assez de prisonniers. Cet échec fut sans doute un des motifs qui, quelques semaines plus tard, firent incorporer le 154e régiment dans la division Maison pour la renforcer ; mais cet honneur, quoique bien apprécié, ne nous empêcha pas de déplorer la perte des braves qui nous laissaient une part dans leur glorieux héritage.

[1] Voir l'histoire du Consulat et de l'Empire par M. Thiers ; vol. XV, pag. 583 à 586.

C'est sur les bords de l'Oder que nous apprîmes que des négociations venaient de s'ouvrir pour la paix, ou du moins pour un armistice qui pouvait y conduire. Cet armistice fut en effet signé le 4 juin, pour dix semaines. S'il ne conduisit pas à la paix, c'est que Napoléon ne la voulait pas, et qu'il n'avait consenti à suspendre le cours de ses succès que pour mieux se préparer à la guerre, dans l'espoir de reconquérir ainsi tout son prestige et toute sa puissance en Europe. Son ambition fut trompée, comme on sait, et entraîna sa chute à travers une suite de désastres pour ses armées, et d'amères souffrances pour la France comme pour l'Allemagne. Mais je n'ai pas à me préoccuper de ces considérations générales : mon récit doit se renfermer dans le cercle étroit des événements auxquels j'ai eu part.

On nous ramena donc à quelques lieues en arrière dans les environs de Goldberg, petite ville pittoresquement assise sur les dernières ondulations des montagnes de la Bohême, et dans une des parties les plus riches et les plus charmantes de la Silésie. Nous devions passer là notre été, confortablement établis dans un de ces camps que savent si bien construire et orner les soldats français. En attendant qu'on pût mettre la main à l'œuvre, nous demeurâmes deux ou trois jours à Goldberg, logés chez le bourgeois, et c'est là que je reçus une leçon de modération qui me parut risible.

Il faut savoir qu'on m'avait adjoint pour le commandement de la compagnie (sans doute parce qu'on me trouvait trop jeune et trop peu expérimenté pour rester seul à sa tête), un des vieux lieutenants républicains du régiment.[1] La différence de grade entre nous étant fort peu sensible, nous étions sur un pied d'égalité à peu près complète, sauf l'âge et, au besoin, l'autorité officielle qui lui aurait appartenu. Le soir où nous arrivâmes chez notre petit bourgeois de Goldberg, qui n'était pas des plus riches, nous trouvâmes sur la table du pain et du beurre, avec un pot de bière, et nous nous mîmes à faire des tartines. Les miennes étaient un peu grasses, j'en conviens ; mais, si l'on veut considérer que je courais sur mes dix-neuf ans, que j'étais doué d'un grand appétit et que j'avais été fort mal nourri depuis longtemps, on me jugera, j'espère, moins rigoureusement que ne fit mon collègue.

Il considérait attentivement mes tartines, et finit par me dire : Il ne faut pas, mon cher, surcharger les pauvres paysans ; ménageons-les, au contraire, le plus possible. Voyez-moi, combien peu de beurre me fait manger de pain. — A ces mots, je partis d'un franc éclat de rire, suivi de toute sorte de gaîtés sur son moyen de diminuer les maux de la guerre.

[1] Peu de temps après, on compléta le nombre des officiers de la compagnie par un capitaine de la même provenance.

Heureuse l'Allemagne, m'écriai-je, si elle n'avait à se plaindre que de l'épaisseur de mes tartines !

C'était vrai, sans doute, mais au fond j'étais un jeune sot, qui ne savait pas découvrir, sous une apparence un peu ridicule, combien était respectable le sentiment du vieux soldat. Il appartenait à ces premières levées de la République qui apportaient sous les drapeaux un enthousiasme peu éclairé, si l'on veut, mais certainement plus noble que celui qui anima plus tard les soldats du conquérant. L'indépendance de la patrie, la liberté, les droits du peuple, étaient des mobiles plus élevés que l'amour de la gloire et des conquêtes, et pouvaient s'allier plus facilement à un sentiment d'humanité et même de sympathie pour les souffrances du *paysan* (désignation qui embrassait alors tous les habitants d'un pays). Mais ce point de vue ne fut pas soutenu, et, comme il arrive trop souvent, le bon sens et la vérité se turent devant la raillerie. Du reste, notre petite discussion se termina le plus amicalement du monde.

Dès que le camp fut construit, nous nous y installâmes avec grand plaisir. Nous avions pour demeures des barraques triangulaires, assez élevées et soigneusement recouvertes en paille du haut en bas. Leurs doubles lignes formaient de longues et larges rues, parfaitement alignées, et qui avaient un aspect d'ordre et de propreté tout à fait réjouissant. Chaque barraque possédait son petit parterre dessiné avec goût, et c'était à qui déploierait le plus de talent et de zèle pour l'ornementation des cuisines, des rues, des carrefours et de toutes les localités qui en paraissaient susceptibles. Cette émulation produisit bientôt les effets les plus variés, faisant de notre camp un très-agréable séjour.

Les deux mois passés dans ces lieux m'ont laissé un excellent souvenir. Quoique petite, la ville de Goldberg offrait pourtant quelques ressources pour l'utilité et l'agrément de ses visiteurs. Mais ce qui avait pour nous un attrait plus puissant encore, c'étaient les promenades dans la montagne, surtout pour moi, quand je pouvais les faire seul ou accompagné d'un ou deux camarades. Ces excursions réveillaient d'heureux souvenirs, reposaient du bruit des armes et rafraîchissaient l'âme. Elle en avait grand besoin, car le spectacle continuel de la violence envers les hommes et les choses, durant les longues marches en pays ennemi, finit par assombrir et oppresser ceux que l'habitude n'a pas encore endurcis. On aspire à sortir de cette atmosphère viciée pour respirer un air plus pur, et l'on oppose involontairement quelque songe poétique à la brutale réalité.

Parfois, par exemple, on aperçoit de loin une demeure seigneuriale. Un élégant portail sur la route donne entrée dans l'antique avenue qui conduit au château, dont l'aspect paraît splendide. On s'y transporte par la pensée, on croit entendre de douces voix réclamer une protection qu'on serait si heureux d'accorder. On s'approche ; hélas ! ce lieu enchanteur n'est plus que solitude et dévastation : des piliers renversés, des arbres coupés, les portes enfoncées, partout les traces d'un affreux pillage, et jusqu'au grand salon odieusement souillé par les maraudeurs... Comme on s'indigne ! Comme on se plaît à évoquer, dans ces nobles appartements, des scènes et des images bien différentes ! — Dans la première jeunesse, on a un faible pour l'aristocratie, j'entends pour l'aristocratie féminine. La distinction, la naissance, semblent rendre plus irrésistibles la grâce et la beauté et leur mériter un culte. Quel adolescent n'a pas sauvé en imagination une jeune comtesse ? Ces rêves si charmants, parce qu'ils sont purs et chevaleresques, s'altèrent ensuite, et on les regrette.

Mais revenons à cet armistice, que l'on dit avoir été funeste à Napoléon ; je n'en sais rien, mais il fut certainement heureux pour moi, j'en profitai de toute manière.

Il apporta, par exemple, une grande amélioration dans ma toilette, amélioration devenue extrêmement nécessaire et après laquelle j'avais longtemps soupiré en vain. Car c'est un vrai supplice, pour qui n'y est pas habitué, de rester deux mois entiers en route et en guerre sans pouvoir changer de linge, surtout quand il y a des motifs pressants de le faire. Je cherchais bien les moyens de diminuer le mal, mais je n'y parvenais guère. Ainsi, toutes les fois qu'il y avait suspension dans nos marches, je me rendais à l'écart sur le bord d'un clair ruisseau, et là, après m'être complétement dépouillé, je plongeais mon linge dans l'eau courante, où, faute de savon, je le frottais consciencieusement avec des cailloux arrondis; après quoi, j'allais m'installer sous les noisetiers du rivage dans le costume le plus primitif, en attendant que ma chemise fût sèche. Mais ce n'étaient là que des palliatifs insuffisants.

Jugez de ma joie, quand on nous paya un mois de solde à Goldberg! Quatre-vingt-trois francs à un homme qui manque de tout, il y a là, en effet, de quoi le réjouir. C'était le premier argent que m'eût donné l'Empereur, et, je dois le dire, non-seulement j'en fus reconnaissant, mais presque troublé. En tâchant de faire entrer dans ma poche cette somme qui avait peine à y tenir, je me demandais si ce que j'avais fait valait tant d'écus que cela. Toutefois, sans plus approfondir, je m'achetai immédiatement deux chemises, un pantalon et quelques menus effets, qui diminuèrent beaucoup mon capital. Le surplus devint *argent de poche* et servit à alimenter, durant deux mois, les visites à Goldberg et les promenades à la montagne. Mes nouveaux effets me furent certainement très-utiles, du moins ceux que j'avais sur moi, car pour les autres, ils restèrent sur le champ de bataille de Leipzig, avec mon brosseur qui les portait dans son sac.[1] Décidément, je n'avais pas de chance sous ce rapport.

Une autre amélioration devait encore se faire, mais elle regardait ma capacité d'officier. — Le temps de l'armistice fut naturellement employé, comme il devait l'être, à perfectionner l'éducation militaire de nos jeunes soldats et à les exercer au maniement des armes; cela était d'autant plus nécessaire, que de nombreux conscrits nous arrivaient pour être incorporés dans le régiment. Ces nouvelles recrues comblèrent et au delà les vides qui s'étaient faits dans nos rangs, en sorte que nous revînmes au chiffre de 4000 hommes que nous comptions au commencement de la campagne. Pour les exercices, on réunissait d'ordinaire les deux compagnies voisines qui formaient ainsi une division de plus de deux cents hommes, et chaque officier devait à son tour instruire et faire manœuvrer cette division. Mon tour vint donc; mais quelle épreuve!

Je connaissais très-bien le maniement du fusil

[1] On donnait le nom de *brosseur* au soldat de la compagnie qui avait soin d'un officier. Son titre n'indiquait pas très-exactement ses fonctions, puisque le mien n'eut jamais de brosse. Ce n'était pas non plus, d'après mon souvenir, une place très-lucrative, mais elle n'était pas moins assez recherchée, parce qu'elle procurait quelques petits priviléges dans le service.

et ce qui concerne l'école de peloton pour le soldat, cinq mois à Saint-Cyr avaient amplement suffi pour cela, mais je n'avais jamais commandé. L'extrême brièveté de mon séjour n'avait pas permis que je fusse initié à un art que les élèves entendaient parfaitement, selon l'opinion générale, car ils y étaient avec raison soigneusement exercés ; mais ce moment n'était pas encore venu pour moi lorsque je sortis de l'Ecole.

On peut donc juger quelle fut ma situation quand je me vis en face de cette longue ligne de soldats, que ma parole devait instruire et ma voix mettre en mouvement. Le sentiment de mon insuffisance, mon embarras trop visible, une grande émotion, tout cela rétrécissait tellement les sons que je cherchais à émettre, que je ressemblais plus à un poulet qui piaule qu'à un officier qui commande. Qu'on se figure ce que je devais souffrir, et faire souffrir ! Aussi, je suppliais du regard mes supérieurs présents de faire cesser mon martyre, et d'attendre que je fusse un peu plus formé pour cet office. Mes supérieurs restaient impassibles et inflexibles... Oh ! que je les trouvais cruels !

Cependant je ne tardai pas à leur être reconnaissant, car, par suite de la lutte désespérée à laquelle ils m'avaient contraint, au bout de deux ou trois semaines, je commandais mes deux cents hommes, si ce n'est avec une voix de basse taille, du moins avec un petit *soprano* qui se faisait fort bien entendre et obéir.

L'armistice me fut donc profitable, ainsi que je l'ai dit, et mon éducation s'y était passablement avancée ; mais il me restait à faire connaissance avec des misères dont j'étais loin de me douter. La seconde campagne de 1813 allait commencer.

III

SECONDE CAMPAGNE

DE

MIL HUIT CENT TREIZE

SECONDE CAMPAGNE

DE

MIL HUIT CENT TREIZE

CHAPITRE Ier

Bataille et retraite de la Katzbach

Si mon voyage militaire de Wesel à Magdebourg avait été pour moi *l'aimable aurore* de 1813, la campagne qui finissait pouvait encore se comparer à une assez belle matinée d'été. Sans doute le ciel s'était un peu voilé, mais c'était seulement par de blanches nuées, que venait encore illuminer le soleil de la victoire. Il n'en fut pas de même dans la seconde campagne. Notre ciel, pour continuer la métaphore, resta constamment caché par d'épais et lourds nuages qui recélaient la tempête, et si un rayon du soleil dont je parle apparaissait un instant, il ne tardait pas à disparaître et la foudre éclatait. — Par une étrange coïncidence, cette image de nos destinées militaires représente exactement le temps que nous eûmes durant cette désastreuse campagne. Au physique comme au moral, tout était sombre autour de nous ; les orages ne cessaient de gronder sur nos têtes, et nous marchions dans la boue.

Cette situation exerça nécessairement une grande influence sur l'esprit de nos soldats, et je la subis à ma manière. Au milieu de ces dures épreuves, ma vocation prit à mes yeux un caractère plus grave et plus élevé, mes impressions furent plus profondes et plus sérieuses, et, par une conséquence naturelle, la pensée religieuse se développait en moi.

Ce n'est pas que j'eusse été auparavant complétement étranger, ni, à plus forte raison, hostile à cette pensée, mais, grâce à la légèreté de l'âge et à la mobilité du spectacle, elle sommeillait plus qu'elle ne vivait dans l'âme du jeune officier. Il fallait la forte éducation d'une longue souffrance pour la réveiller. Comme l'océan et ses tempêtes, la guerre et ses champs de bataille placent forcément l'homme en face de son Créateur. Il lui devient bien difficile de ne pas compter avec cette Puissance infinie et cette Volonté mystérieuse, dont l'action se rend toujours plus sensible et plus manifeste en lui et autour de lui. Le meilleur moyen peut-être d'ouvrir les yeux à celui qui nie la Providence, serait de l'arracher aux spéculations du cabinet pour le transporter au milieu de ces redoutables réalités, la lutte des éléments et celle des peuples. D'ordinaire, et pour les hommes sans parti pris, elles produisent leur effet: l'indifférence s'y brise et la foi s'y réveille.

D'après les conditions de l'armistice, si la paix n'était pas conclue, les hostilités devaient recommencer le 17 août. Blucher les commença le 15; c'était une violation du droit des gens. Il en fut puni. Cette infraction à la parole donnée, quoiqu'elle semblât d'abord lui avoir réussi, lui coûta cher. Au bout de bien peu de jours, ainsi que nous l'allons voir, il fut contraint de regagner son camp retranché de Schweidnitz avec une perte de 8,000 hommes.

Mais, au premier moment, notre armée de Silésie, presque surprise dans ses cantonnements, eut grand'peine à éviter l'échec que le général prussien lui avait si peu loyalement préparé. Pour le corps de Lauriston surtout, qui, établi à Goldberg, se trouvait le plus avancé et par conséquent le plus compromis, la retraite présentait les plus graves difficultés, et ce ne fut que grâce à sa vigueur et à sa résolution qu'il parvint à rejoindre, sans accident, les autres corps réunis derrière le Bober. Cette concentration s'achevait le 19 août.

Napoléon était alors à Gorlitz, à dix lieues environ en arrière de notre position, avec toute sa garde et une nombreuse cavalerie. Il avait fait momentanément de cette ville le point central, d'où il devait s'élancer pour secourir ses lieutenants et frapper, dans le cercle ennemi dont il se trouvait presque entouré, celle de leurs armées qui, la première, s'avancerait pour l'attaquer. Ce fut Blucher qui attira tout d'abord sur lui ce terrible adversaire.

Le général prussien, à la tête de 80,000 hommes, se disposait à forcer le passage du Bober, lorsque, le 21 août, nous vîmes arriver l'Empereur, suivi de plus de 50,000 de ses meilleurs soldats. Profitant de la supériorité numérique qu'un tel renfort nous procurait, il ordonna de prendre immédiatement l'offensive, et d'effectuer nous-mêmes le passage de la rivière devant Lœwenberg.

Pour cela, il s'agissait de jeter d'abord du monde sur la rive droite, afin de protéger l'établissement des ponts à chevalets auxquels on travaillait, et c'est alors que notre régiment fut appelé à faire ses preuves devant l'Empereur. Il les fit, et je trouve raconté dans une de mes lettres comment la chose se passa; voici ce fragment assez naïf.

« Après avoir examiné la position, l'Empereur s'adresse au général Maison et lui demande s'il a un régiment capable de l'enlever. Sire, répond celui-ci, le comte Lauriston m'a donné le 154e que voilà comme un très-bon régiment, mais il y a trop peu de temps que je le commande pour pouvoir en juger. Voyons ce que c'est que ce régiment, dit l'Empereur. Aussitôt on nous fait descendre vers la rivière, et l'Empereur s'y rend avec nous. Animés par sa présence, nous traversons la rivière à gué, malgré un feu meurtrier, et nous assaillons ensuite résolument une position escarpée, défendue par un corps nombreux de chasseurs prussiens.... — ....Après l'affaire, l'Empereur témoigna sa satisfaction à notre colonel, et ordonna de lui présenter un état de ceux qui s'étaient le plus distingués. Nous aurions infailliblement reçu grand nombre de décorations sans la retraite de l'armée, cinq jours après, retraite qui priva le régiment de ces récompenses pourtant bien méritées. »

Quelle que puisse être la valeur de l'opinion du jeune officier, quant aux droits du régiment à des récompenses *bien méritées*, il est parfaitement vrai que nous parvînmes à déloger les ennemis et à les rejeter, au delà d'un petit bois, dans la vaste plaine où se développait tout le corps d'armée du général D'York. Bientôt soutenus, nous continuâmes notre attaque, contribuant ainsi pour notre bonne part au succès de la journée, ainsi que le dit M. Thiers. « La division Maison, qui formait notre tête de co-« lonne, refoula devant elle les troupes du général « D'York et ne leur laissa de répit nulle part.[1] »

[1] Thiers XVI, 266. — On comprendra sans doute par quel sentiment, lorsqu'il s'agit d'apprécier la conduite de cette division

L'historien ne dit rien de plus; mais je désire ajouter ici quelques détails sur cette affaire, d'autant plus qu'il s'y rattache pour moi des souvenirs qui m'ont souvent préoccupé.

La position dont il s'agit était un plateau qui descendait vers la rivière par des pentes abruptes, garnies d'arbres et de buissons. Au sommet se trouvait une petite plaine, bordée par une ligne de roches moussues qui en faisaient une espèce de forteresse naturelle. Le Bober franchi, notre quatrième bataillon resta en position sur le rivage même; le troisième s'arrêta à une centaine de pas plus loin, au pied du plateau, prêt à appuyer les deux autres qui allaient le gravir. Lorsque notre attaque eut réussi, et que nous eûmes rejeté les ennemis au delà d'un petit bois qui fermait l'enceinte de ce côté, nous nous trouvâmes en face du corps d'armée prussien, et nous nous établîmes fortement dans le bois même pour en défendre l'accès. Pendant la vive fusillade qui s'engagea aussitôt, le commandant me chargea d'aller à toutes jambes avertir nos bataillons restés en arrière, et leur transmettre l'ordre d'accourir à nous. C'est en revenant en hâte pour rendre compte de ma mission, qu'il

devenue la nôtre, je désire citer les paroles mêmes d'un historien moins intéressé que moi dans ces jugements; et l'on me pardonnera, je pense, si, dans le récit de cette campagne, j'introduis quelquefois encore des citations si honorables pour nous. Elles seront, du reste, toujours textuelles et distinguées par des guillemets.

m'arriva la douloureuse aventure qui n'est jamais sortie de ma mémoire, et qui est le seul souvenir de ce genre que j'aie rapporté de mes campagnes.

Parvenu à l'entrée de l'enceinte dont j'ai parlé, j'y trouve un de nos nouveaux conscrits qui, par prudence ou plutôt par fatigue, ne nous avait suivis que de loin. Il était petit, grêle, asthmatique, et n'avait pas, à le voir, pour un mois de vie. Il tenait son fusil haut, regardant au milieu des morts un chasseur prussien, blessé à la jambe et étendu sur le sol à quelques pas de lui. Il le fixait d'un œil hagard, comme si c'était une bête féroce prête à s'élancer sur lui, et s'apprêtait à le coucher en joue. Le pauvre blessé, me voyant arriver, agite sa main vers moi et m'adresse quelques mots en allemand. Comprenant aussitôt la situation, je saisis au collet mon conscrit. Misérable, lui dis-je, tu veux tuer un blessé? — Mon lieutenant, repond-il de sa voix entrecoupée, il peut encore nous faire du mal! — Imbécile, laisse-le et suis moi. Je pars, pensant qu'il me suit, comme il en avait fait le mouvement. Je n'étais pas à quatre pas que j'entends un coup de fusil; je me retourne, et je vois à l'attitude du blessé qu'il venait d'être tué,.. disons, assassiné!

J'ai demandé souvent à Dieu, et je lui demande encore de me pardonner ma part dans ce meurtre. J'aurais dû entraîner le conscrit avec moi, et ne pas me fier à l'ordre donné; mais j'étais si loin de penser qu'il me désobéirait! — Et qu'était donc ce meurtrier? Un fanatique de haine nationale, un homme de sang, un assassin? Non; c'était un enfant, et un enfant qui avait peur. Double cause de bien des cruautés inconscientes.

Oui, les conscrits qu'on nous envoyait étaient des enfants; on les prenait à dix-huit ans. Dès l'abord, sans doute, ils se montraient pleins de courage militaire, c'est dans le sang des Français; mais ils n'avaient que les instincts et que la force des enfants. Aussi, au bout de quelques semaines de fatigues et de privations, ils disparaissaient de nos rangs, comme une couche de neige nouvelle disparaît sous le souffle d'un vent chaud; il n'y restait plus guère que la couche plus ancienne et plus résistante de nos soldats déjà formés.

Du reste, une heure auparavant et dans cette même plaine, j'avais déjà vu un exemple de l'étonnement enfantin de ces adolescents, mais alors il ne devint funeste qu'à celui qui l'éprouvait. Nous venions de nous emparer de la position, et nous la défendions contre des tirailleurs ennemis qui cherchaient à y remonter par une rampe à notre gauche. J'aperçois un des conscrits de ma compagnie, à moitié couché sur les rochers du bord, la tête en avant et regardant avec opiniâtreté sous les arbres. A mon approche, il se met à crier de toutes ses forces : J'en vois un, j'en vois un!.. Venez voir, lieutenant, venez voir!.. Il était jubilant. Fort mal à propos, je crus que je ne devais pas lui laisser croire que j'avais peur de regarder l'ennemi en face, et je mis mon visage à côté du sien. Voyez, criait-il toujours plus haut, voyez... au bout de mon doigt... il a une plume verte! Oh! oui, je le...—Il se tait subitement; je le regarde: un trou rouge se dessinait sur son front. Il tombe. De nos deux fronts qui se touchaient, lequel avait visé l'homme à la plume verte? Je ne sais; mais je puis dire sans exagération que c'est une des occasions où j'ai vraiment coudoyé la mort.

Lorsque nos bataillons réunis débouchèrent du bois pour s'avancer contre l'armée prussienne, ce fut avec grande satisfaction que nous vîmes arriver quelques pièces d'artillerie légère pour nous appuyer, genre d'appui fort apprécié des soldats et qui leur donne confiance. Je suivais donc du regard une de ces pièces qui passait au galop devant nous, lorsqu'un boulet emporta net la tête de l'un des artilleurs qui la conduisaient, accident qui n'est pas, sans doute, très-extraordinaire. Mais, ô stupéfaction! je vois ce cavalier poursuivre sa course comme s'il ne se doutait de rien!... — Je sais bien qu'en racontant ce fait, je me donne un air de parenté avec le baron de Munchhausen, et pourtant le fait est vrai. Je ne dis point que la course se prolongea beaucoup, mais, que ce cavalier ait fait devant moi deux ou trois temps de galop sans tête, c'est ce que j'ai vu, *de mes yeux vu, vous dis-je*. Qu'on explique la chose comme on voudra, j'affirme qu'elle est réelle, et je suis assuré que ceux qui me connaissent me savent incapable d'une pareille invention, qui ne serait que ridicule.

Le lendemain 22, nous continuâmes à poursuivre les Prussiens. « La division Maison assaillit de nou- « veau l'ennemi avec la plus grande vigueur. Les « troupes, animées par la présence de Napoléon, « montraient partout une ardeur extrême. » Blucher, craignant d'être débordé par le reste de l'armée, fut enfin contraint de repasser la Katzbach pour s'établir à Goldberg même.

C'est pendant ces deux journées que j'ai vu le plus fréquemment l'Empereur, car il marcha constamment au milieu de nous. Il en fut de même pendant la matinée du 23, où, après avoir forcé le passage de la Katzbach, nous emportâmes les hauteurs du Volfsberg, position vaillamment défendue par les Russes de Langeron, et qui fut trois fois prise et reprise avant qu'on nous en laissât les maîtres. Puis, voyant Blucher se replier en toute hâte sur Schweidnitz, Napoléon nous quitta.

Il était en effet rappelé à Dresde par de graves nouvelles. La grande armée alliée, conduite par le prince de Schwartzenberg et composée de 250,000 Autrichiens, Russes et Prussiens, descendait de la Bohême pour envahir la Saxe. L'Empereur nous laissant alors sous le commandement du maréchal Macdonald, emmena avec lui, non-seulement les troupes qu'il nous avait amenées, mais aussi une partie des nôtres. Il est vrai que l'armée de Silésie, ainsi réduite, n'avait plus pour mission que de contenir Blucher et d'empêcher son retour offensif.

Nous restâmes deux jours bivouaqués autour de Goldberg. Le temps était magnifique; j'en profitai pour visiter une partie de ses environs qui m'étaient si connus, et dont les beautés naturelles m'avaient procuré bien des jouissances. Hélas! qu'ils étaient changés! Au lieu de ces vergers ombreux, de ces paisibles hameaux que j'avais vus, c'étaient des habitations ravagées, des arbres fracassés, les jardins foulés aux pieds, l'herbe souillée et couverte de débris, au milieu desquels on rencontrait à chaque instant des cadavres d'hommes ou de chevaux. La guerre, la rude guerre avait passé par là.

Rien de tout cela n'était nouveau pour mes yeux sans doute, mais comme on se sent plus navré par un tel spectacle, quand il dénature les lieux qu'on a connus et aimés! — Jusque dans un vallon écarté, où, sur le bord d'un ruisseau, s'élevait une de ces habitations montagnardes à petites et claires fenêtres, semblable à celles que j'ai vues depuis dans le canton de Berne, jusque-là la dévastation avait porté ses fureurs. Je m'étais souvent reposé dans cette demeure, où je trouvais parfois un frugal repas, et, ce qui vaut mieux encore, des dispositions amicales, malgré quelque difficulté à nous comprendre. Il n'est pas très-rare, en effet, que, même en pays ennemi et pendant les époques de cantonnement, on voie s'établir des relations individuelles qui n'ont rien de commun avec les haines nationales. — Or, qu'était devenue cette paisible chaumière? Tout y était brisé et détruit; il n'y avait plus ni portes, ni fenêtres, et le feu avait consumé ou noirci ce qui restait sur place. Où se trouvaient les pauvres habitants? Ils étaient errants sans doute, et peut-être sans asile. Qui avait accompli cette destruction, d'autant plus barbare et inexplicable que ce lieu n'avait rien pour exciter la cupidité? Evidemment des maraudeurs. Etaient-ils Russes, Prussiens ou Français? Ils pouvaient être les uns comme les autres, car leur vandalisme était partout le même. De quelles amères réflexions on se sentait saisi à cette vue!

Cependant, je venais de rencontrer dans Goldberg un spectacle plus douloureux encore, quoique d'un genre différent. La principale église de la ville ayant été transformée en ambulance, offrait ce terrible aspect que présente toute ambulance après une bataille meurtrière. Une foule de blessés, amis et ennemis, étaient couchés côte à côte sur le sol du temple, souffrant et mourant ensemble. Dans un angle, car la place manquait, se voyait un entassement de membres coupés, et, au milieu du sanctuaire, une longue table, sur laquelle gémissait un patient entre les mains des chirurgiens. Grand Dieu! que d'expressions diverses, et toutes navrantes, peuvent revêtir la douleur et les approches de la mort! Voyez tous ces visages. Voyez ces deux officiers italiens:[1] l'un, tout jeune encore, dont les yeux fixes et le râlement saccadé annoncent la fin prochaine; l'autre, son frère ou son ami, l'étreignant de ses bras, le baisant et ne cessant de s'écrier en pleurant : *Poveretto! Poveretto!* — Et que d'autres scènes!

Mais que faisais-je là, et pourquoi m'y trouvais-je? Je n'y étais pas venu, certes, pour repaître mes yeux de ce qui affligeait mon cœur, mais pour voir mon vieux sergent-major grièvement blessé. Je lui devais beaucoup, car, depuis mon arrivée au régiment, il avait toujours été pour moi un conseiller affectueux et un ami dévoué. Aussi, avec quelle émotion je lui serrai la main pour la dernière fois le 25 au soir! — S'est-il guéri? A-t-il revu la France? Je l'ignore, mais je ne le crois pas; il était trop gravement atteint.

Quoique le maréchal Macdonald se trouvât déjà fort en avant du Bober qu'il avait pour mission de défendre, il crut devoir profiter de l'impulsion que nous avions reçue pour s'emparer encore de la ville de Jauer, à quatre lieues environ au delà de la Katzbach, et, dans ce dessein, il résolut de se

[1] La division italienne Peyri se trouvait alors avec nous.

mettre en marche le 26, à l'aube du jour. Dès la veille, nous avions reçu des ordres en conséquence. Blucher, de son côté, s'étant aperçu du départ de Napoléon, avait aussi pris la résolution de nous attaquer ce même 26 août; en sorte que les deux armées marchaient sans le savoir à la rencontre l'une de l'autre. Elles étaient à peu près de force égale, et notre infériorité sous le rapport du nombre fut surtout l'effet du détachement de deux divisions, que Macdonald avait envoyées contre Hirschberg sur le haut Bober. L'une de ces divisions, commandée par le général Puthod, n'ayant pu repasser à temps la rivière débordée, fut entourée par les ennemis, après le désastre de la Katzbach, et complétement détruite.

Le temps était affreux; une pluie torrentielle n'avait cessé de tomber durant la nuit, et elle continua toute la journée. Les nombreux ruisseaux qui descendent des hauteurs s'étaient changés en torrents, les chemins étaient devenus presque impraticables, l'artillerie s'y enfonçait, et nos fusils, imprégnés d'eau, ne partaient que rarement. Malgré ces obstacles, le corps de Lauriston, qui occupait la droite et suivait ainsi le flanc des montagnes, avait constamment chassé l'ennemi de ravin en ravin, et, vers la fin du jour, il se trouvait devant Jauer, tout prêt à s'en emparer. C'est là que nous apprîmes que notre gauche avait été repoussée et battue; une fausse direction dans la marche de ses corps avait amené un immense encombrement d'artillerie, de cavalerie et d'infanterie dans le grand et profond ravin de la Wutten-Neiss. Blucher en avait profité pour accabler cette partie de notre armée et la mettre en déroute.

A la nouvelle de ce désastre, le centre et la droite se virent forcés de rétrograder. Mais la retraite était difficile ; et encore ici, elle l'était surtout pour le corps de Lauriston, car, comme au 16 août, il se trouvait le plus en avant, et par conséquent, le plus compromis. L'obscurité était profonde, le ciel continuait à se fondre en eau, les routes, toujours plus défoncées, étaient de plus encombrées de voitures, de caissons embourbés, de convois de blessés qu'on s'efforçait de ramener à Goldberg ; en sorte que notre marche, si lente et si pénible à travers toutes ces tristesses, était aussi accablante pour l'esprit que pour le corps. Ce ne fut que vers minuit que nous arrivâmes devant la ville, épuisés, affamés, n'ayant rien mangé depuis le matin et ne trouvant rien à manger le soir.

Si de vieux soldats ne résistent qu'avec peine à de pareilles épreuves, on peut penser quel effet elles durent produire sur des jeunes gens récemment arrachés à leurs familles, et qui ne les avaient quittées qu'en maudissant cette guerre où on les sacrifiait. En face de l'ennemi, ils oubliaient leurs griefs et se battaient vaillamment ; mais, devant les misères, les privations, les longues fatigues, et surtout devant la défaite, ils s'affaissaient ou se révoltaient. Irrités et dégoûtés, ils jetaient leurs armes, ils cessaient d'être des soldats pour devenir des fuyards. C'est à cette époque que s'inocula cette désorganisation morale qui envahit, après Leipzig, presque tous les rangs de l'armée.

La retraite de la Katzbach dura trois jours au milieu de grandes souffrances, et entraîna la perte de plus de 20,000 hommes, dont 3,000 tués, 9,000 prisonniers et 10,000 débandés, qui avaient jeté ou perdu leurs fusils, et qui n'avaient guère envie d'en prendre d'autres. Deux ou trois pages énergiques suffisent à l'historien pour tracer le tableau de cette désastreuse retraite, et ramener derrière le Bober, le 29 août au soir, les 50,000 soldats découragés qui restaient à Macdonald sur les 70,000 qu'il commandait le 26. Mais si l'histoire doit s'interdire une trop grande abondance de détails, les narrations individuelles ne sont pas soumises à la même loi, au contraire ; elles peuvent ainsi satisfaire en plus grande mesure l'intérêt et la sympathie qui s'attachent volontiers aux catastrophes militaires. C'est à ce titre que je crois pouvoir donner ici le récit de ma triste odyssée durant les trois jours qui suivirent la bataille, tel à peu près qu'il se trouve dans la lettre détaillée que j'écrivis à cette époque.

Ce ne fut donc qu'au milieu de la nuit que nous arrivâmes devant Goldberg, où nous nous arrêtâmes enfin, épuisés de fatigue, sans vivres, sans abri, inondés par la pluie et couchés dans la boue. Dès le point du jour, il fallut se remettre en marche et continuer la retraite sur Lœvenberg.

Nous avions à franchir des cours d'eau que j'avais connus petits ruisseaux et qui étaient devenus des rivières, la Katzbach surtout, épouvantablement grossie, et dont nous remontions la rive droite pour y chercher un passage; car, arrivés les derniers, nous n'avions pu la traverser sur le pont de Goldberg, encombré qu'il était par les nombreuses troupes qui nous y avaient précédés.—Atteints bientôt par la cavalerie russe, la nôtre aurait dû nous défendre, mais, comme nous n'avions avec nous qu'un petit nombre de chasseurs à cheval qui n'étaient encore que des apprentis cavaliers, ils se dispersèrent et nous abandonnèrent.

Chaque régiment fit alors sa retraite comme il put. Quant à nous, nous nous formâmes en carrés de marche, et, opposant toujours la baïonnette à la cavalerie, nous gagnâmes peu à peu et fort péniblement des hauteurs couvertes de bois. Les Cosaques venaient tuer nos traînards à quelque pas de nous, sans que nous pussions les défendre, nos fusils ne faisant pas feu. — Une fois à couvert dans les bois, il s'agissait de gagner promptement la rivière pour la traverser, avant que les Russes, qui filaient sur la grande route, ne la passassent avant nous et ne nous coupassent ainsi la retraite (c'était déjà fait). Parvenus à la Katzbach, nous la trouvâmes tellement débordée que tous les ponts étaient à deux cents pas du rivage, quoique, en temps ordinaire, elle ne soit qu'un gros ruisseau comme son nom l'indique. Nous en remontâmes les bords pendant quelque temps ; mais, comme la nuit approchait, il devint urgent de passer. Toute notre armée, en effet, était déjà de l'autre côté, soit qu'elle eût suivi immédiatement la grande route par le pont de Goldberg, soit qu'une partie eût effectué son passage çà et là, par bandes isolées, à pied ou à cheval, surtout depuis la débandade de notre cavalerie et pendant que nous suivions notre aigle dans les bois.

Ce qui restait du régiment, arriva enfin à un endroit où la rivière se sépare en deux branches. La première et la plus petite était pourtant assez forte et assez rapide pour qu'il ne fût pas facile de la traverser à gué, mais, ce passage effectué, nous trouvâmes le second bras plus profond et plus périlleux. Un reste de pont de bois branlait au milieu de l'eau, vis-à-vis d'un moulin, dont il était séparé par un fort courant. Comme nous n'avions plus peur de nous mouiller, nous finîmes par avancer jusqu'à ce pont, et là, au moyen de cordes qu'on nous jeta et d'une longue poutre, nous établîmes un pont à la Saqui, sauf qu'au lieu d'y marcher sans balancier, on le traversait à cheval sur la poutre. Le colonel, ainsi que bon nombre d'officiers et de soldats, purent ainsi gagner le moulin; mais il restait encore beaucoup des nôtres sur l'autre rive, quand tout à coup l'eau emporta le pont et ceux qui étaient dessus. Comme il faisait nuit et qu'il nous était impossible de rétablir en ce moment la communication, nous fûmes obligés d'abandonner le reste de nos gens, malgré leurs cris et leurs supplications.

Nous n'avions plus alors qu'à redescendre vers la grande route, pour gagner de là un certain village, à deux ou trois lieues plus loin, où devait se réunir, assurait-on, le corps d'armée, ou au moins la division. Nous aurions dû y marcher tous ensemble, mais le colonel était parti immédiatement avec les hommes qui se trouvaient autour de lui, et sans attendre ceux qui nous arrivaient de temps en temps ; car les gens à cheval, et même des fantassins, parvenaient encore à traverser la rivière, soit au-dessus soit au-dessous du moulin. Ce départ précipité augmenta la confusion dans la petite troupe restée éparse sur la rive. D'ailleurs on avait allumé du feu, et quelques pommes de terre cuisaient sous la cendre; or, après tant de fatigues et une abstinence de deux jours, il semblait bien dur de les abandonner. Un groupe d'officiers, dont je faisais partie, se décida d'autant mieux à prolonger la station, que ce fut aussi l'avis d'un jeune chef de bataillon, récemment promu à ce grade dans notre régiment (il nous venait de la jeune garde).

Nous ne partîmes donc qu'environ une heure après le colonel, et, en suivant la même direction, nous rencontrâmes plusieurs soldats isolés et quelques chasseurs à cheval, qui cherchaient comme nous la route de Lœwenberg.

Quoique la nuit fût tout à fait close, nous reconnûmes que nous étions sur le bon chemin, en nous heurtant à des fourgons abandonnés et à des cadavres de chevaux : évidemment, l'armée avait passé par là. Nos chasseurs, à cause de l'obscurité, ne voulaient pas quitter le milieu de la route et nous les suivions pas à pas, nous étant, à leur invitation, accrochés à la queue de leurs montures pour nous soutenir et ne pas nous perdre. Traînés ainsi d'ornière en ornière, tantôt dans la boue, tantôt dans l'eau jusqu'aux genoux, et parfois écorchés par les fers des chevaux, notre marche était aussi misérable que possible. Pour comble, la semelle de mes bottes me quitta, et je reçus en même temps un si furieux coup à la jambe, que je lâchai ma queue de cheval. Il fallut pourtant bien la reprendre pour ne pas rester en route.

Enfin, après bien des soupirs, nous atteignîmes au milieu de la nuit le village du rendez-vous. Fort étonnés de le trouver désert, nous entrons dans une grange à demi brûlée, où des soldats se chauffaient ; ils nous dirent qu'ils venaient d'arriver et qu'ils n'avaient trouvé personne. Nous nous assîmes autour du feu, et nous y étions à peine depuis quelques minutes, lorsqu'un officier arrive tout effaré, sans shako et sans capote, nous criant : Sauvez-vous, nous sommes coupés; je viens de tomber dans un poste russe.—Voilà nos chasseurs sur leurs chevaux, et nous de courir après eux, forcés de ressaisir ces malheureuses queues et de reprendre la route que nous venions de faire.

Revenir sur nos pas, recommencer cette horrible marche, sans savoir même de quel côté tourner pour échapper aux ennemis, n'y avait-il pas là de quoi se désespérer? Nous essayâmes pourtant de poursuivre; mais, au bout d'une demi-heure, épuisés de fatigue, sans espoir de salut, nous lâchons définitivement nos queues et nous nous laissons tomber sur la route. Notre brave commandant, quoique monté, s'arrêta avec nous et nous délibérâmes. Il était évident que nous étions coupés et que l'ennemi nous séparait de l'armée française. Que faire, et comment la rejoindre? Nous résolûmes de nous cacher dans le bois et d'y attendre le jour. En entrant dans le fourré, nous ne fûmes pas très-surpris d'y trouver quelques soldats du régiment qui erraient comme nous, et qui nous dirent que le colonel venait d'être pris avec plusieurs de ceux qui l'accompagnaient.

Quelle nuit dans ce bois! Et nos souffrances s'aigrissaient encore de la triste attente du lendemain. Nous n'avions, en effet, pour perspective que de nous rendre et d'être conduits à Moscou pour aider à la rebâtir, ou pour mourir en route sous les mauvais traitements; car, lorsque les cosaques font des prisonniers, ils commencent par les mettre tout nus, puis ils les font marcher devant eux à grands coups de leurs perches.[1]

La matinée était déjà avancée que nous n'avions encore rien d'arrêté. Quel parti prendre en effet? Sortir de la forêt dans ce pays couvert d'ennemis, c'était nous livrer à eux. D'autre part, y demeurer sans manger devenait impossible, et d'ailleurs à quoi cela nous aurait-il menés? Nous ne restions plus que trois, les autres s'étant remis en route individuellement, ou tout au plus par groupes de trois ou quatre. C'était, au reste, le parti le plus sage; il y avait plus de chances d'échapper ainsi qu'en marchant en troupe, puisque nous ne pouvions songer à combattre. Le commandant me dit enfin: Vous êtes le plus leste, montez sur ce grand arbre, nous vous aiderons, et vous nous direz l'aspect du pays.

Du haut de mon observatoire, je ne vis que la forêt qui s'étendait partout autour de moi, sans apercevoir ni village ni habitation; mais, sur la route, tout proche de nous, un paysan était occupé

[1] Si l'on trouve cette assertion excessive, je répondrai qu'elle avait généralement cours parmi nous. Elle n'était pas, du reste, sans fondement, ainsi que je l'appris ensuite de camarades qui avaient eu à souffrir de pareils procédés. Les cosaques ne sont pas tendres.

à fouiller un caisson embourbé, et il se trouvait seul. Sur mon rapport, le commandant Reynaud, qui savait l'allemand et avait quelques écus dans sa bourse, prit le parti de s'adresser à cet homme. La tractation réussit ; pour une petite somme, il promit de nous mettre sur un chemin de traverse qui conduisait à Lœwenberg, où devait, suivant lui, se trouver encore l'armée française. Nous nous mîmes en route, moi en croupe derrière le commandant dont la selle à la hussarde m'entrait dans le ventre à chaque pas de son cheval, l'autre officier monté sur une rosse qu'il avait *trouvée* la veille chez un paysan.

Après une heure ou deux de marche, j'avais le corps en si mauvais état par suite des renfoncements qu'il recevait de la palette saillante de la selle, que je pris la résolution de descendre de cheval et de laisser mes compagnons cheminer seuls, malgré toutes leurs représentations. Outre que je sentais un besoin urgent de reprendre mon souffle, nous étions assez avancés dans le chemin pour que je ne pusse plus le manquer, s'il devait me conduire au but. D'ailleurs, comme je l'ai déjà fait observer, j'avais ainsi plus de chances qu'eux-mêmes d'échapper à une fâcheuse rencontre en me jetant sous bois à la moindre alarme, car nous traversions toujours une épaisse forêt.

Je ne puis dire exactement le temps que j'employai, soit à me reposer, soit à poursuivre ma route. Tout ce dont il me souvient, c'est que le milieu du jour était dépassé lorsque j'arrivai enfin à la lisière du bois, et que je vis l'horizon se déployer librement au delà des derniers arbres qui me cachaient encore. La pluie avait cessé; j'apercevais toute la contrée, mais je la reconnaissais d'autant moins qu'elle présentait un trait tout exceptionnel, et dont je n'avais jamais ouï parler dans le pays. C'était un vaste lac, qui reluisait sous la pâle lumière d'un ciel blanchâtre. Evidemment je m'étais égaré, je ne me trouvais pas devant Lœwenberg. Où étais-je donc, et qu'allais-je devenir?

Je m'assis oppressé au pied d'un arbre, regardant avec anxiété cette plaine où allait se décider mon sort, et rempli des plus douloureux pressentiments. L'accablement, la faim, le désespoir, tout me défendait de recommencer de vaines pérégrinations. Que la volonté de Dieu soit faite ! m'écriai-je, il faut que la question se tranche ici.

En faisant un mouvement pour me relever, j'aperçois à dix pas derrière moi, au-dessus d'un buisson touffu, une tête sauvage qui me fixe. A côté de cette tête, s'élève perpendiculairement une longue lance. Le reste de l'apparition demeure caché par le feuillage, mais ce que j'en vois suffit: C'est un cosaque !... Nos regards se rencontrent : je suis fasciné, je ne remue plus. Cependant, à mon grand étonnement, il reste aussi immobile. Il est horriblement laid, mais il n'a pas l'air méchant.

J'essaie d'achever de me relever et je me tiens debout, attendant le mouvement de sa lance et celui de son petit cheval que j'entrevois à travers les branches. Rien ne bouge. Je fais un pas de côté, et je m'arrête... J'en fais deux, toujours le regardant.... Sa grosse tête velue se tourne pour suivre mes mouvements, et je crois voir de la pitié dans ses yeux. Cette fois, je m'élance dans la plaine, et je me dis en courant: Le barbare s'est attendri. Il a probablement laissé dans son pays un fils de mon âge, et son cœur a été touché en me voyant. Qu'il soit béni, et que son fils lui rende le plaisir qu'il me fait!

Cependant, lorsque je rencontrai un de nos avant-postes à quelques cents pas plus loin, il me vint des idées plus prosaïques. Ce cosaque était évidemment une vedette chargée d'observer nos mouvements, et il avait pensé que ses chefs lui sauraient peu de gré d'abandonner son poste pour courir après un prisonnier dont ils n'avaient que faire. Peut-être lui fais-je tort, peut-être était-il plus sentimental que cela. Je ne prononcerai donc point sur ses motifs, mais, en tout cas, je dois et je paie une sincère reconnaissance à son cœur ou à sa consigne.

On voit que je ne m'étais pas égaré. Ce prétendu lac n'était autre que le Bober débordé, et formant devant Lœwenberg une inondation de près d'une lieue d'étendue. Notre 5e corps se trouvait là à peu près réuni, et se disposait à suivre la rive droite pour aller chercher, à quelques lieues plus bas, le pont de Bunzlau, occupé et gardé par Macdonald et le reste de son armée. J'avais retrouvé mes camarades, et comme on faisait sauter, au moment du départ, quelques fourgons qu'il fallait abandonner faute de chevaux, j'avais pu me procurer de quoi remplacer ma chaussure et, ce qui ne me plaisait pas moins, quelque chose à manger. Puis, muni d'un pain que, au moyen d'une corde qui le traversait, je portais comme un cor de chasse et dans lequel je mordais de grand courage, je me remis en marche plein d'entrain et de joie d'un pareil changement de fortune.

Ce changement de fortune ne se faisait pas sentir dans nos affaires générales, elles étaient toujours en fort mauvais état. Cependant l'armée put rester deux ou trois jours derrière le Bober, tâchant de se remettre de son désarroi et de recueillir le plus possible les soldats qui s'étaient débandés. Il en était besoin, car nos pelotons qui comptaient trente files, trois jours auparavant, n'en présentaient plus que huit ou dix. Il est vrai que chaque jour nous ramenait bon nombre d'hommes, parvenus à s'échapper comme nous. Notre régiment, en particulier, composé de solides Francs-comtois, vit ses rangs se repeupler assez pour compter encore une vingtaine de files par peloton.

Mais nous ne pûmes attendre plus longtemps,

car, aussitôt que les eaux se furent un peu écoulées, Blucher, impatient de profiter de ses avantages, s'avança résolument et nous obligea de reculer jusqu'à Bautzen, c'est-à-dire d'une vingtaine de lieues. Ce ne fut pas sans résistance de notre part sans doute, mais inutilement; le vent avait tourné. La confiance, l'impulsion victorieuse, aussi bien que la supériorité numérique, avaient passé du côté des alliés, qu'animaient encore le patriotisme et la joyeuse espérance de délivrer leur pays du joug de l'étranger.

Il est vrai que la situation changeait aussitôt qu'apparaissait Napoléon. C'est ainsi que, le 4 septembre, nous le vîmes arriver à Bautzen, suivi de ses 50,000 hommes d'élite, et qu'il nous reporta en avant jusqu'à Gorlitz, à la suite de Blucher qui se hâtait alors de fuir son atteinte. Mais, comme il ne pouvait songer à une poursuite qui l'éloignerait toujours plus de son centre d'action, l'Empereur se décida à retourner immédiatement à Dresde, qui se trouvait d'ailleurs de nouveau menacée par les Autrichiens. Telle était, au reste, la tactique résolument adoptée par les chefs coalisés : éviter toute bataille quand Napoléon était présent, et tomber sur ses lieutenants quand il n'y était plus. Tactique habile, et qui prépara et amena leur succès définitif.

L'Empereur, entouré de sa garde, se tenait à Dresde, on l'a dit, comme l'araignée au centre de sa toile, ses lieutenants occupant la circonférence. Si l'une des armées ennemies s'avançait sur sa toile, il s'élançait à l'endroit menacé et y frappait un grand coup. S'il était lui-même attaqué au centre, il attirait à lui quelqu'un de ses lieutenants et faisait rudement expier aux imprudents leur attaque. Ainsi le 26 et le 27 août, au moment même où nous perdions la Katzbach, il remportait sa mémorable victoire de Dresde sur la grande armée de Bohême, et la renvoyait écharpée d'où elle était venue.

On a beaucoup admiré cette disposition stratégique. Elle avait pourtant, dit-on, un grave défaut qui devait en empêcher le succès : c'est que le cercle était trop grand. Son diamètre étant de trente ou quarante lieues, l'Empereur ne pouvait arriver assez promptement où sa présence devenait nécessaire. Cette faute capitale, et qui le perdit dans cette campagne, ne provenait nullement d'un affaiblissement de son génie militaire, mais, comme toutes ses autres fautes, de son ambition excessive. Il voulait étendre à la fois ses bras sur Berlin, la Vistule et l'Oder, espérant toujours refaire d'un seul coup, et par une seule bataille décisive, sa fortune et son prestige. Or cette bataille décisive, il la cherchait en vain. On se retirait devant lui, on l'attirait aussi loin que possible, et, pendant ce temps, un de ses lieutenants subissait un échec à trente lieues de là.

C'est ce qui arriva, en moins de quinze jours, à quatre d'entre eux et des plus marquants : Oudinot, Macdonald, Vandamme et Ney. Leurs défaites successives de Gross-Beeren, de la Katzbach, de Kulm et de Dennewitz, avaient plus qu'annulé la victoire de Dresde, moralement comme matériellement. C'était pour notre armée une perte de plus de cent mille hommes, due au feu, aux fatigues et à la désertion : désertion considérable chez nos alliés allemands, qui nous quittaient en masse à la première occasion, ou passaient même à l'ennemi. Quant aux Français qui abandonnaient les rangs, un très-petit nombre s'efforçait déjà de regagner le Rhin, mais, pour la plupart, ils erraient en maraudeurs autour de l'armée et vivaient de pillage. La désorganisation faisait des progrès effrayants.

Par suite de la défaite des quatre maréchaux et de leur retour au centre, l'armée française se trouva réunie autour de Dresde vers le milieu de septembre, et, comme elle était alors tout entière sous la main de l'Empereur, la tactique précédente des alliés n'était plus de saison. Il ne leur restait qu'à en recueillir les fruits en livrant une bataille qui anéantirait, si possible, ce terrible adversaire, tellement affaibli, du reste, qu'il ne lui restait plus guère qu'un homme contre deux. Mais il était si redoutable par lui-même, que ce n'était pas sans effroi qu'on pensait à ce qui pouvait sortir d'une lutte suprême avec lui. Où, quand et comment lui livrer cette bataille, c'est la question qui se débattait dans les conseils des alliés, et sur laquelle ils hésitèrent durant bien des jours. Pendant ce temps, les armées restèrent en présence, se tâtant et se provoquant par des combats journaliers sans rien changer à la situation.

Les trois semaines employées ainsi à batailler autour de Dresde, sont demeurées dans mon souvenir comme la partie la plus triste, ou du moins la plus terne, de cette longue campagne. Nous bivouaquions sur la rive droite de l'Elbe, à quatre lieues de la capitale, le long d'une petite rivière, la Wessnitz, que nous disputions à l'armée de Blucher. Un ciel toujours sombre, des pluies fréquentes, des terres détrempées, une nourriture insuffisante, des combats monotones, le sentiment d'être sur la défensive si loin de son pays et sans confiance dans l'avenir, tout cela impressionnait d'une manière fâcheuse de jeunes soldats, déjà mal disposés pour cette guerre et qui regrettaient leurs familles. Pour rester impassible en de telles circonstances, il faut être devenu ce moine militaire qu'on appelle le *vieux soldat*, qui ne connaît plus d'autre clocher que son drapeau et d'autre famille que le régiment. L'honneur des armes, voilà son principe vital et sa raison d'être; nous n'en étions pas là.

Et puis, quelle vie que la nôtre! On se levait à trois heures du matin; on allait, au petit jour, établir des lignes de tirailleurs ; on échangeait une perpétuelle fusillade et quelques coups de canon ; on perdait quelques hommes ; on revenait le soir pour chercher et arracher ce qui pouvait rester de pommes de terre dans les champs tant de fois fouillés ; on se couchait sous de mauvais abris, tout trempés d'eau, et on recommençait le lendemain. Cette existence devenait toujours plus démoralisante ; elle était, je le dis encore, plus triste que les grandes défaites elles-mêmes, car alors l'intensité même du malheur devenait un excitant, et parlait du moins à l'imagination.

Une nouveauté vint pourtant relever un peu la monotonie de nos bivouacs, ce fut l'arrivée parmi nous de Poniatowski et de ses Polonais. Leur nom, leur coiffure étrange, et surtout leur bravoure éprouvée, nous les firent accueillir comme d'excellents compagnons de guerre, ce qu'ils furent, en effet, pendant tout le temps que nous demeurâmes ensemble. Ils n'avaient pas pourtant la tournure chevaleresque que j'aurais attendue, d'après ce que j'avais vu des lanciers polonais de la garde. Les nôtres étaient des fantassins assez gros, plutôt petits que grands, et leur énorme shako quadrangulaire les écrasait encore : par la faute peut-être du constructeur (c'est le mot) de cette lourde machine, évidemment trop architecturale pour un homme à pied.

Pour en revenir à nos jeunes soldats et pour

être tout à fait juste envers eux, il faut dire que cet affaissement militaire qui se manifestait dans les marches et particulièrement autour de Dresde, tenait surtout aux conditions affadissantes de cette partie de la campagne : il disparaissait dans une bataille. Aussitôt qu'il s'agissait clairement à leurs yeux du salut de l'armée et du pays, ces jeunes gens retrouvaient tout leur courage et leur élan; ils le montrèrent bien à Leipzig. Hors de là, sans doute, ils ne valaient plus leurs aînés. J'en citerai deux exemples, où se dessinent assez bien les deux physionomies des soldats de Napoléon à cette époque, l'ancienne et la nouvelle.

C'était dans une de ces journées pluvieuses, où l'on passait son temps à tirailler sans but visible, ou du moins sans solution possible. Entre les deux lignes ennemies se trouvait une construction en maçonnerie, reste d'un moulin à vent ou de quelque bâtiment de ferme; les Prussiens s'y étaient établis les premiers et nous fusillaient de là. Le colonel me dit : Prenez des hommes de bonne volonté, et emparez-vous de cette cassine. J'eus bientôt une vingtaine d'hommes autour de moi, et je partis avec eux, bien décidé à remplir ma mission. Mais, pour réussir dans ces sortes d'expéditions, c'est-à-dire pour s'emparer d'un poste fermé, il faut absolument s'y jeter la baïonnette en avant et y pénétrer sans retard; si l'on s'arrête à tirer devant les murs, il n'y a plus de succès à attendre.

C'est ce qui nous arriva. Soit par suite de cette fibre molle que j'ai signalée dans nos hommes, soit que je n'eusse pas eu l'énergie nécessaire pour les enlever, et probablement pour ces deux causes, nous étions encore à quelques pas de la cassine, lorsque deux ou trois de mes gens se mirent à tirer : aussitôt les autres en firent autant. Dès lors l'attaque était manquée, et, à moins de rester là comme des cibles, il fallait se retirer. C'est ce que je fis, et j'allai me poster à quelque distance, sur une butte peu élevée et couverte d'arbres. Affaire de *jeunes soldats.*

Tout à côté de cette butte, et dans une espèce de gaîne tracée dans le bois, s'était établie une pièce d'artillerie légère qui incommodait aussi les ennemis. Pour s'en débarrasser, ils avaient envoyé un peloton de cosaques, qui, ayant tourné le bosquet, apparurent tout à coup pour se jeter sur le canon. Quatre ou cinq servants, dont les chevaux étaient à quelques pas en dehors, coururent à leurs montures pour se défendre ou se sauver, je ne sais trop lequel. — Le chef de pièce reste seul. D'un brusque mouvement, il dégage son épaule du grand manteau blanc qui l'enveloppe, se penche sur sa pièce, l'entoure de son bras gauche, et, tirant son sabre de la main droite, il fixe hardiment les cosaques et les attend. Les cosaques ne nous savaient pas là ; nous leur envoyâmes dans la figure quelques coups de fusil qui les décidèrent promptement à tourner bride. Mais qu'aurait pu faire, contre eux et leurs lances, l'intrépide canonnier? Rien. Qu'importe! Ce fut un beau mouvement et qui allait à l'âme. C'était comme un père défendant sa fille, ou, si vous aimez mieux, comme un époux prêt à mourir pour sauver sa fiancée des malandrins qui veulent l'enlever. Je vois encore son attitude et son mâle visage,... c'était un *vieux soldat*.

Cependant les souverains alliés, après bien des hésitations, s'étaient décidés pour un plan de campagne où ils joueraient le tout pour le tout. Ce plan consistait à réunir toutes leurs armées à Leipzig sur les derrières de Napoléon, à le couper ainsi de la France, et à lui livrer enfin cette bataille décisive, à la fois si désirée et si redoutée par eux. En conséquence, l'armée de Silésie, sous Blucher, et l'armée du Nord, sous Bernadotte, fortes chacune de 60,000 hommes, opérèrent leur jonction, le 2 octobre, près de Wittemberg, traversèrent l'Elbe sur ce point, et marchèrent de concert vers le rendez-vous général. D'autre part, Schwartzenberg, à la tête de 220,000 hommes, quittait de nouveau la Bohême pour suivre la même direction. — Ainsi, tandis que nous étions encore à Dresde, deux immenses masses ennemies descendaient sur Leipzig, l'une à notre droite, l'autre à notre gauche, pour se rejoindre derrière nous et nous accabler.

Napoléon distingua bientôt ces mouvements, aussi

bien que leur but, et il s'en réjouit, car il espérait y trouver l'occasion de renouveler les merveilles de ses campagnes d'Italie, en battant tour à tour les deux masses pendant qu'elles seraient encore séparées. C'est ce qu'il essaya de faire, du 10 au 12 octobre, en se portant d'abord, avec la plus grande partie de son armée, contre Blucher et Bernadotte; mais ces généraux, fidèles à la tactique adoptée, refusèrent la bataille et se dérobèrent à ses coups. Pendant ce temps, Schwartzenberg s'avançait si rapidement sur Leipzig, que Napoléon crut nécessaire de le prévenir, en s'y jetant lui-même avec toutes ses forces, afin d'empêcher la jonction sur ce point des trois armées de la coalition, et de se donner encore la possibilité de les battre successivement à leur arrivée devant cette ville.

Quant à nous, nous avions enfin quitté nos mornes stations autour de Dresde; après nous avoir fait repasser l'Elbe, on nous avait acheminés aussi vers Leipzig. C'était un changement, et, par cela même, il nous parut avantageux. Mais le gain n'était pas très-considérable; car, outre que les vivres ne se trouvaient pas plus abondants, le temps était devenu toujours plus déplorable. La pluie incessante, la boue jusqu'aux genoux, la faim, le froid, la nudité, puis pour couche une terre détrempée, ne nous constituaient pas une existence couleur de rose.

Un jour pourtant, un reflet de plaisir vint éclairer mon bivouac : je reçus du major-général, prince Berthier, l'avis que l'Empereur, par un décret signé à Dresde le 29 septembre, venait de me nommer lieutenant. Je fus touché, comme on peut croire, de ce que ce pauvre Empereur, au milieu de tous ses soucis, avait encore trouvé le temps de penser à moi. — Voilà donc un pas, bien petit sans doute, mais enfin un pas vers ce *maréchalat* rêvé quelques mois auparavant. Comme, dans cette pensée, je tournais et retournais mon brevet avec une certaine satisfaction, il m'échappa et tomba dans le feu; je l'en arrachai bien vite, mais il n'en subit pas moins la brûlure qui s'y voit encore.

A notre départ de Dresde, nous avions passé sous le commandement du roi de Naples. Son impérial beau-frère avait mis trois corps d'armée sous ses ordres, le 2e de Victor, le 5e de Lauriston et le 8e de Poniatowski, avec une nombreuse cavalerie, et il lui avait donné pour mission d'observer et de côtoyer la grande armée de Schwartzenberg. Murat ne pouvait pas, sans doute, arrêter une armée trois ou quatre fois supérieure à la sienne; mais il devait lui faire obstacle, la tenir autant que possible séparée de Leipzig, ou du moins y arriver le premier.

Cette mission fut sur le point d'échouer. Le 10 octobre, nous apprîmes qu'une colonne russe, sous les ordres de Wittgenstein, nous avait devancés et occupait déjà Borna. La position était critique, car Schwartzenberg ne tarderait pas à nous atteindre, si nous ne parvenions pas à nous faire jour à travers les Russes. C'est ce que nous essayâmes. Le choc fut rude, le combat sanglant, mais l'issue heureuse ; Borna fut repris à la baïonnette, Wittgenstein repoussé dans la montagne, et notre route redevint libre. Le 12, nous nous remîmes en marche, et le 13, nous bivouaquions au sud de Leipzig, à une lieue ou deux de ses portes.

CHAPITRE II

Bataille et retraite de Leipzig

Nous voilà enfin dans ces plaines fameuses, où allaient se rencontrer 500,000 combattants et 3,000 pièces de canon pour s'y livrer la plus terrible bataille du siècle. [1] *Bataille de géants,* a-t-on dit en France, *bataille des peuples* (die Vœlkerschlacht), comme l'appellent les Allemands, qui, en trois journées d'une lutte épouvantable, devait laisser couchés sur une terre sanglante 120,000 hommes atteints par le fer ou le feu. — Oui, bataille de géants! Appartient-il à un nain de vous la raconter?

Mais je ne vous la raconterai pas; non, pas plus celle-ci que les autres, et j'ai déjà dit pourquoi.

[1] *La plus grande de tous les siècles,* dit à deux reprises M. Thiers. XVI, 607 et 622.

Je me contenterai d'en retracer les grandes lignes pour servir de cadre à mes souvenirs. Si donc vous voulez me suivre sur le théâtre de ce drame terrible, vous pourrez m'y apercevoir parfois dans quelque recoin comme acteur, mais vous m'y verrez certainement placé aux premières loges comme spectateur.

Je parle de spectacle; certes, nous en vîmes un magnifique dès le lendemain de notre arrivée, c'est-à-dire le 14. C'était un combat de cavalerie, où manœuvrèrent devant nous dix à douze mille cavaliers se chargeant et se sabrant pendant plusieurs heures. Jamais *cirque*, si *impérial* qu'on le fasse, ne pourra donner une représentation aussi saisissante.

Trois mille vieux dragons venaient de nous arriver d'Espagne. A la vue de ces vrais cavaliers, dont nous n'avions plus guère depuis Moscou que d'imparfaites copies, Murat se sent saisi d'enthousiasme. Il leur adjoint ce qu'il avait de mieux en ce genre et s'abandonne à la joie de les montrer de près à la cavalerie ennemie, oubliant peut-être que cette cavalerie était aussi bonne au moins que la sienne, et certainement beaucoup plus nombreuse. Ces longues lignes de dragons, de cuirassiers, de hussards français, allant se heurter contre les cuirassiers russes de Pahlen, les dragons autrichiens de La Tour, les uhlans prussiens, décrivant des courbes de toute espèce, avançant, reculant, tantôt vainqueurs, tantôt vaincus ; la terre ébranlée sous le galop de tant de milliers de chevaux ; les uniformes éclatants et variés ; les sabres qui étincellent ; le sifflement des boulets qui se joignent à l'acier pour joncher la plaine de cadavres ; puis cet intrépide cavalier, qu'on a appelé un roi de théâtre et qui le paraissait parfois sous ses costumes fantastiques, faisant ondoyer sur la scène son brillant panache et la parcourant sa cravache à la main ; tout cela formait, je le répète, un spectacle unique.

M. Thiers consacre à cette affaire les deux lignes que voici : « Le 14 octobre, l'ennemi perdit « 1,200 hommes dans un combat de cavalerie im« prudemment engagé contre Murat. »[1] Etrange traduction de ce que j'ai vu ! M. de Norvins en parle bien différemment : il l'appelle « un combat « malheureux, qui fit presque disparaître notre « belle réserve de cavalerie. »[2] Il exagère sans doute, mais il m'est impossible de ne pas lui donner un peu raison, car il me souvient parfaitement que telle fut, dans le moment même, l'opinion parmi nous ; de toute part, officiers et soldats n'avaient qu'un cri contre ce Murat, qui nous dépensait inutilement une cavalerie si précieuse.

Le lendemain, un nouveau et grand spectacle

[1] Thiers XVI, p. 546. — [2] *Portefeuille de 1813*, vol. II, p. 380 et 384.

nous fut encore donné, mais cette fois, si j'ose le dire, par un cavalier seul : Napoléon. On sait qu'il consacra toute cette journée à étudier son champ de bataille et à y disposer son armée autour de Leipzig. Il commença sa visite par le sud de la ville, entre les villages de Liebert-Wolkwitz et de Wachau où nous nous trouvions, car c'est là qu'il comptait combattre le lendemain la grande armée conduite par Schwartzenberg et les trois souverains alliés. Nous le vîmes donc arriver dès le matin, suivi de son état-major historique tout étincelant d'or et de gloire, mais dont l'éclat pâlissait ou plutôt disparaissait devant la redingote grise et le petit chapeau. C'est dans cette occasion, je vous l'ai dit, que j'entendis de lui cette simple parole dont je reçus comme une commotion électrique.

Il faut savoir que les aigles de nos régiments de nouvelle formation étaient restées jusque-là enfermées dans leur étui. Bien souvent, en les comparant à celles des anciens régiments, nous avions éprouvé le naturel et vif désir de voir enfin briller à nos yeux cette aigle et sa bannière tricolore, pour l'honneur et la conservation desquelles nous étions prêts à donner nos vies. Mais il appartenait à l'Empereur seul de les découvrir, et c'est ce qu'il voulut faire ce jour-là.

Les soldats du 5me corps, déjà bien réduit en nombre (il comptait à peine une dizaine de mille hommes), se massèrent sur les trois côtés d'un carré, le quatrième étant occupé par le cortége impérial ; puis, tous les officiers furent appelés au centre et placés en face de Napoléon. C'est alors qu'il nous adressa une de ces courtes allocutions comme il savait les faire, et où il nous demandait de préférer la mort à l'abandon des aigles qu'il nous confiait. Ses paroles étaient simples, mais quelle singulière éloquence elles puisaient dans la bouche qui les prononçait, dans ce regard profond, dans cette voix vibrante qui pénétrait l'âme ! Jamais, non jamais je n'oublierai la fin de son discours, lorsque se soulevant sur ses étriers, le bras étendu vers nous, il nous lança ces trois mots avec un accent interrogateur : *Vous le jurez?*... Je sentis alors, avec tous mes camarades, comme s'il arrachait de force, du fond de nos entrailles, le cri : Nous le jurons ! Vive l'Empereur ! — Quelle puissance magique en cet homme ! Il y avait presque des larmes dans nos yeux, et certainement une invincible résolution dans nos cœurs.

Cette scène, dont M. Thiers ne dit rien, est décrite avec vérité et sentiment par un témoin oculaire, le baron Fain, alors secrétaire particulier de l'Empereur. Seulement, M. Fain la place devant le corps d'Augereau, qui venait en effet d'arriver à Leipzig. Je ne sais si ce corps renfermait des régiments de nouvelle formation, j'en doute un peu, et je croirais assez qu'il y a là une erreur de nom. En tout cas, si la cérémonie de la remise des aigles eut lieu devant ce corps, elle eut lieu aussi pour celui de Lauriston, entièrement composé de ces sortes de régiments. [1]

Ce jour-là même, et pour la première fois, l'infanterie fut mise sur deux rangs au lieu de trois, sans doute pour qu'elle présentât une plus longue ligne aux yeux de l'ennemi et pût ainsi le tromper sur notre nombre. Quelle impression cette nouveauté produisit-elle sur l'esprit de nos soldats? Elle fut mixte. L'innovation nous parut avantageuse pour les feux de file et ceux de peloton ou de bataillon (rarement employés d'ailleurs à la guerre), car le troisième rang, qui doit en théorie échanger ses fusils contre ceux du second pour les recharger, ne s'acquittait bien de cette fonction qu'à l'exercice. Devant l'ennemi, ce n'était plus qu'un *emmêlage* qui n'était pas même sans danger. De plus, le boulet avait moins de prise sur deux rangs que sur trois.

Mais l'innovation nous sembla beaucoup moins heureuse pour les attaques à la baïonnette, et surtout pour soutenir les charges de cavalerie; car alors le troisième rang devient un solide et précieux appui physique et moral, et il était évident que son rôle nous aurait été fort utile dans ces

[1] M. le secrétaire du cabinet ne paraît pas, au reste, très au courant des usages militaires, car il termine son récit en disant que *chaque bataillon reçut son aigle*. Or, il n'y avait et il n'y eut jamais qu'une seule aigle par régiment.

vastes plaines et devant une immense cavalerie. Sous ce rapport, nous éprouvions un peu l'impression d'un homme qui ôterait son paletot quand la bise souffle. Mais que faire ? C'était une nécessité, nous le sentions bien, et il ne restait qu'à remplacer le rang manquant par un redoublement de fermeté.

J'ai remarqué, du reste, que, dans ces luttes à la baïonnette, l'affaire se trouvait le plus souvent décidée avant même qu'on eût croisé le fer. Le bataillon ou le carré qui va être enfoncé l'annonce aux yeux par une espèce d'ondoiement dans sa ligne au moment critique, et la catastrophe suit immédiatement. On dirait qu'il est renversé par le souffle de l'attaquant, et c'est assez vrai, car une énergie supérieure agit alors comme un courant magnétique sur un ennemi moins résolu.

On dira que je m'attarde bien dans ces préliminaires, comme si j'hésitais à entamer un pénible récit. Ce n'est pas cela, assurément, mais quand cela serait, je crois que je me trouverais ainsi représenter, sans le vouloir, le sentiment qui nous pénétrait tous dans cette journée d'attente, sentiment non de peur, ni d'aucune envie de reculer, mais sentiment profond de la gravité de notre situation. Cette situation se présentait clairement à tous les esprits, et était comprise des moindres soldats. Nous étions presque entourés, nous apercevions les masses ennemies s'entasser devant nous, et le lendemain allait décider du salut de l'armée et peut-être de la France : le moment était solennel et inspirait le recueillement. Aussi l'attitude générale dans les rangs annonçait une ferme résolution, mêlée de quelque tristesse ; elle ne ressemblait pas à celle des précédentes veilles de bataille. Ce n'était plus, hélas! *le soleil d'Austerlitz* qui nous éclairait, mais un ciel sombre et pluvieux qui semblait en harmonie avec nos circonstances.

Journée du 16

Enfin se lève ce jour à jamais mémorable. Les armées sont tout à fait en présence, du moins au sud de Leipzig, car c'est là que la lutte va commencer. [1]

Napoléon a réuni sous sa main 115,000 Français et les a massés autour des villages de Liebert-Wolkwitz et de Wachau qui ont donné leur nom

[1] Je ne prétends nullement, je le répète, décrire la bataille de Leipzig, je veux vous raconter seulement ce que j'ai vu et ce que j'ai senti dans la portion de cet immense champ de bataille où je me suis trouvé. Mais, comme il convient pourtant que vous ayez une vue de l'ensemble, c'est-à-dire des dispositions stratégiques, ainsi que de la force et des principaux mouvements des corps, j'emprunterai ces renseignements à l'excellent récit de M. Thiers, mon guide ordinaire en pareilles matières ; je ferai de même pour certaines circonstances que je n'avais pu connaître, et qui font mieux comprendre les événements de la journée et leurs résultats. Du reste, il vous sera toujours facile de distinguer ces quelques emprunts de mes souvenirs personnels.

à cette journée. Il a devant lui, à quelques centaines de pas, 160,000 Russes, Prussiens et Autrichiens, suivis encore de cinquante à soixante mille hommes restés en arrière, et qui se hâtent afin d'arriver à temps.

Ailleurs, c'est-à-dire au nord de Leipzig et à trois ou quatre lieues de notre champ de bataille, 75,000 Français, sous le commandement de Ney et de Marmont, sont chargés, soit de contenir les 120,000 hommes de Blucher et de Bernadotte qui s'avancent pour s'unir à Schwartzenberg, soit de nous conserver les ponts de Lindenau, à l'ouest de Leipzig, c'est-à-dire la route de France que l'on veut nous couper. La tâche de cette armée détachée vers le nord, quoique d'une haute importance, n'est pourtant pas la principale. Tout ce qu'on lui demande, c'est de nous donner le temps de battre Schwartzenberg tandis qu'il est encore seul ; après quoi, nous nous réunirons à elle pour détruire Blucher et Bernadotte.

Tel est le plan de Napoléon, et s'il réussit, c'est le relèvement de sa puissance et le renouvellement d'une de ces merveilles militaires qu'il a si souvent accomplies. Il est vrai que son infériorité numérique est grande, mais il commande directement, il est entouré de troupes dévouées et spécialement des 36,000 hommes de sa garde, vieille et jeune : son génie et la bravoure de ses soldats peuvent justifier ses espérances et lui assurer encore le succès. A une condition toutefois, c'est qu'il remporte aujourd'hui même une victoire décisive, car, s'il ne bat pas complétement Schwartzenberg, il sera accablé le lendemain par la réunion de toutes les forces alliées.

A neuf heures du matin, trois coups de canon tirés à intervalle donnent le signal à l'armée ennemie; aussitôt quatre puissantes colonnes s'avancent contre nous, précédées de plus de 200 bouches à feu. Je ne vous parlerai que de celle qui attaqua Liebert-Wolkwitz que défendait Lauriston. Ce village, bâti sur un renflement de la plaine, offrait une position favorable à l'action de notre nombreuse artillerie; elle couvrit de projectiles cette colonne, mais ne l'arrêta point, car tous ces hommes marchaient en gens décidés à vaincre. C'étaient les Russes de Gortschakoff et la division prussienne de Pirch. Bientôt la lutte dut s'engager corps à corps, et elle fut sanglante et opiniâtre.

J'ai lu que notre position fut six fois de suite abordée et presque emportée à la baïonnette, et six fois maintenue ou reprise par nous; je n'ai pas compté, mais je sais que, durant plus de deux heures, nous eûmes à combattre des assaillants acharnés. C'est à la division Maison qu'incombait le soin de repousser Gortschakoff et Pirch, car, tandis que les Russes et les Prussiens nous attaquaient de front, une colonne autrichienne nous attaquait à gauche, et la division Rochambeau était assez occupée à défendre ce côté du village : ce qu'elle fit, du reste, avec un plein succès. Pendant tout ce temps, 500 pièces de canon vomissaient la mort sur notre champ de bataille. La canonnade était si violente de part et d'autre, que de vieux soldats ne se souvenaient pas d'en avoir entendu une semblable.

A midi, 18,000 hommes avaient déjà succombé dans l'une et l'autre armée, et l'ennemi paraissait arrêté. Alors Napoléon résolut de changer la défense en une vigoureuse attaque. Dans ce but, il forma deux fortes colonnes ; celle où je me trouvais était composée de notre 5e corps, appuyé de deux divisions de la jeune garde sous le maréchal Mortier. Avec nous s'avançait l'artillerie de réserve de la garde, c'est-à-dire 80 pièces de canon, dont 32 de douze. C'était un feu d'une puissance terrible et dont je n'avais jamais eu l'idée. Il me souvient tout particulièrement du bruit épouvantable et des commotions que nous causaient ces pièces de douze, au milieu desquelles nous étions ; j'en restai sourd pendant quelques heures, et les oreilles saignaient à plus d'un, car nous n'étions pas accoutumés à ce calibre. Je vis aussi là quelques autres effets assez étranges de ce redoutable engin de guerre, un, surtout, que je crains de rapporter parce que j'ai de la peine à le croire moi-même.

Cependant nous avancions peu à peu, mais péniblement ; l'ennemi profitait du moindre obstacle pour nous arrêter et s'y défendre avec un admirable courage, et il en fallait bien aussi pour le déloger. Qu'il me soit permis de raconter à cette occasion un fait d'armes, que je trouve cité dans une de mes lettres à l'honneur du régiment.

Durant notre marche agressive, il s'agissait d'emporter un de ces nombreux villages qui se rencontrent dans la plaine de Leipzig. Celui-ci présentait un aspect assez formidable. Son église et son cimetière se trouvaient à l'entrée, et ce cimetière, entouré de murs à hauteur d'appui, servait comme de citadelle à toute cette position fortement occupée par les Russes ; leur artillerie en garnissait les abords et nous envoyait ses projectiles. Chasser de là les ennemis paraissait une opération très-difficile ; notre régiment fut chargé de l'essayer.

Au moment où nous partions en colonne d'attaque, un aide-de-camp tout jeune, que nous connaissions beaucoup et qu'il me semble voir encore avec sa charmante figure et sa petite moustache blonde, nous précéda au galop pour reconnaître de plus près la position et nous donner quelques directions utiles. Il s'élança donc vers la rue du village, mais son cheval y entra seul ; le maître, subitement renversé par un boulet, resta sur la terre, sans autre mouvement que celui de sa chevelure que le vent agitait et que la pluie souillait. — Cet incident n'a certes rien de bien rare, et je ne sais en vérité pourquoi je me mets à vous le raconter, si ce n'est que toutes les fois qu'il m'arrive de songer à cet épisode de la bataille, il m'est impossible de ne pas voir se peindre, comme dans un petit paysage, une prairie verte, un cadavre à tête nue, le cheval qui galoppe et le clocher qui domine. Serait-ce que cette transformation instantanée de la jeunesse, de la grâce, de l'entrain, de la vie, passant en un clin d'œil à l'immobilité de la mort, ait exceptionnellement frappé mon imagination? Mais pourquoi, puisque j'avais vu tant d'exemples semblables?

Quoi qu'il en soit, nous le suivions de près, et nous abordâmes bientôt nous-mêmes ce terrible village, où l'on nous vit entrer sans trop compter sur un succès que nous devions seulement préparer aux autres. Toutefois, en peu de minutes, et moyennant la perte d'une centaine d'hommes et de cinq officiers, nous restions complétement maîtres de la position, et nous en bordions la face opposée. Le général Maison, qui nous suivait avec le reste de la division, accourut alors à nous, entra tout ému dans nos rangs, criant: Brave 154e, si tout le monde se battait comme vous, il n'y aurait pas des gens si fiers là-bas! — On peut juger, si de telles paroles d'un tel général nous causèrent de la joie : nous nous trouvions largement récompensés.

Cependant nous avions enlevé à l'ennemi presque tout son champ de bataille, et il ne nous en disputait plus que l'extrême limite. Notre premier adversaire, Gortschakoff, avec son corps d'armée et une division prussienne, restait appuyé au village de Gülden-Gossa, qui, situé dans un fond et présentant une suite de bois et de longues mares d'eau, était extrêmement favorable à la défensive. Nous n'en fîmes que trop ensuite la dure expérience, car ce village allait devenir le point décisif de la bataille et l'écueil où devait se briser l'armée française.

A la vue de nos progrès si menaçants, les souverains alliés s'étaient effrayés, et avaient envoyé plusieurs officiers pour appeler Schwartzenberg à leur secours. Le général autrichien se trouvait alors, en effet, assez éloigné. Il avait tenté de tourner notre droite, en marchant entre l'Elster et la Pleisse, pour traverser ensuite ce dernier cours d'eau et nous prendre par derrière. L'empereur Alexandre le fit conjurer d'abandonner son projet et de venir le plus promptement possible à l'aide des Russes et des Prussiens, qui allaient être enfoncés entre Liebert-Wolkwitz et Wachau. En attendant son arrivée, et pour pourvoir au plus pressé, les souverains se décidèrent à engager toutes leurs réserves, certains de les remplacer bientôt par l'armée autrichienne.

Les dix mille grenadiers de Rajeffsky vinrent donc se ranger devant Gülden-Gossa comme une longue muraille ; puis on lança les cuirassiers russes sur notre infanterie. Charge redoutable qu'elle dut soutenir en se formant promptement en carrés. J'appartenais pour le moment à la ligne de tirailleurs, qui précèdent souvent sur le champ de bataille les colonnes en marche. En voyant cet ouragan de fer qui allait fondre sur nous, on cria aux tirailleurs : Couchez-vous à terre ! — C'était la première fois que j'entendais ce commandement, et, par un faux point d'honneur et une sotte idée de collége, je m'imaginai qu'il était plus digne de rester debout. On me cria plus fort : Couchez-vous donc ! .... Heureusement j'eus encore le temps de m'étendre dans un sillon, et l'ouragan passa sur moi sans me toucher.

Cependant la bataille continuait. Drouot, avec sa formidable artillerie de la garde, imagina de diriger toutes ses pièces contre la magnifique infanterie qui venait d'arriver, et se mit à tirer à mitraille sur les grenadiers russes, qui tombaient comme des pans de mur sous le feu de nos canons. Lorsqu'ils parurent suffisamment ébranlés, nos deux colonnes d'attaque chargèrent à la baïonnette. « La colonne « de gauche, où le général Maison formait la tête « de Lauriston, se jeta sur Gülden-Gossa et parvint « à y pénétrer. Mais les grenadiers Rajeffsky, favo- « risés par des bâtiments de ferme, des bois, des « mares d'eau, s'y défendirent avec la dernière « opiniâtreté. On conduisit une partie de la garde « russe à leur secours, et tandis que Maison tenait

« une extrémité du village, les Russes tenaient l'au-
« tre et ne voulaient pas l'abandonner. Maison, at-
« teint de plusieurs coups de feu, couvert de sang,
« changea trois fois de cheval, et ramena ses sol-
« dats dans ce village de Gülden-Gossa qu'il ne pou-
« vait enlever aux Russes, et que, de leur côté,
« les Russes ne pouvaient lui arracher. »

Napoléon sentait le besoin de vaincre à tout prix. Avec la multitude d'ennemis qui s'approchaient, ne pas vaincre aujourd'hui, c'était s'exposer à être détruit. Il prit donc le parti de jeter toute sa cavalerie dans l'action. Douze mille chevaux, partagés en deux masses, sous la direction de Murat, fondirent sur les grenadiers et les gardes russes, qui, s'étant enfin rendus maîtres de Gülden-Gossa, s'étaient déployés de nouveau en avant de ce village; nos cavaliers les enfoncèrent et leur enlevèrent vingt-six pièces de canon. Mais, quand Murat voulut pénétrer dans cet inextricable fouillis de bâtiments, de bouquets de bois et de marécages, sa cavalerie fut obligée de s'arrêter court et de rester exposée au feu de l'artillerie. L'empereur Alexandre, se dépouillant alors de tout ce qui lui restait sous la main, fit charger jusqu'aux hussards et aux cosaques de sa garde, qui, passant entre les ouvertures praticables de Gülden-Gossa, se jetèrent à l'improviste sur le flanc de la cavalerie de Murat, qu'ils surprirent et qu'ils obligèrent à se replier, n'emmenant que six des vingt-six pièces qui venaient d'être conquises.

La victoire n'avait donc pas été décidée par cette action générale de notre cavalerie, bien qu'une bonne partie du champ de bataille fût en notre pouvoir. Napoléon voulut tenter un nouvel effort. Il reforma ses deux colonnes d'attaque, en les appuyant de dix mille hommes de sa vieille garde, seule réserve qui lui restât. Mais tout à coup on entendit de grands cris sur notre droite : c'étaient des colonnes autrichiennes qui venaient de traverser la Pleïsse et s'avançaient pour nous tourner. A ce danger, Napoléon arrête sa vieille garde, puis se précipite avec elle sur ces colonnes menaçantes et les refoule au loin.

Cependant le temps marchait : il était cinq heures, et la nuit approchait. Napoléon, après avoir pourvu au danger de sa droite, ne pouvait encore se résoudre à ne pas faire un suprême effort pour percer le centre de l'armée ennemie. Il ne s'agissait plus pour cela que d'enlever Gülden-Gossa, devant lequel se continuait un combat acharné. « Lauriston, imperturbable au milieu d'un feu horrible, « avait éprouvé des pertes énormes. Il lui restait « toutefois le général Maison, atteint de plusieurs « coups de feu, n'ayant plus autour de lui que les « débris de sa division, mais insatiable de combats « jusqu'à ce qu'il eût conquis Gülden-Gossa. Suivi « de Mortier, Maison était rentré dans ce fatal vil- « lage. Son succès pouvait tout décider, lorsque « Barclay de Tolly, appréciant le péril, y lança une

« division prussienne, appuyée de la garde russe; « celle-ci, par un effort désespéré, reprit Gülden-« Gossa. Maison essaya encore une fois d'y rentrer, « mais une obscurité profonde sépara bientôt les « combattants. Demeuré en dehors comme un lion « rugissant, Maison était là, privé des cinq sixièmes « de sa division, couvert lui-même de blessures, « et désolé d'être arrêté par la nuit.... Cet acte fut « le dernier de la bataille du 16, bataille terrible, « dite de Wachau. Environ vingt mille hommes de « notre côté et trente mille du côté des coalisés, « jonchaient la terre, les uns morts, les autres « mourants. »

Ce fut bien la fin de la bataille et son dernier acte, c'est vrai, et pourtant j'ai peine à en quitter le récit. Je suis comme fasciné par cette scène dernière, si déchirante et si grandiose à la fois. Oui, l'image hardie de M. Thiers n'est pas fausse, Maison était comme un lion rugissant autour de Gülden-Gossa. On la comprend, elle semble naturelle, cette image, quand on se représente ce qui s'était passé dans ce *fatal village* et ce qui s'y passait encore.

Dès la chute du jour, les attaques s'y étaient succédé avec une ardeur et une obstination que rien ne pouvait lasser. Tous les bataillons, tous les régiments, d'abord de notre division, puis de tout le 5e corps, puis enfin les bataillons et les régiments de la jeune garde, se précipitaient tour à tour avec fureur sur cette sanglante et suprême proie, et toujours repoussés, s'éparpillaient à l'entour. C'était vraiment comme les vagues de l'océan qui assaillent un immobile rocher, et qui en retombent sans cesse en couvrant la mer de leur écume. Ici, cette écume, c'étaient nos soldats, errant exaspérés autour de ce tombeau de leurs camarades. — Admirable courage des deux parts, et, ce qui est plus beau et plus consolant, des deux parts aussi dévouement à une noble pensée : les alliés combattant pour délivrer leur patrie, et les Français pour sauver la France.

Mais ce spectacle, déjà émouvant pour l'âme, devint bientôt splendide pour les yeux. A mesure que la nuit se faisait plus obscure, on voyait rayonner plus vive la lumière de la fusillade, et des centaines de bouches à feu qui tonnaient sans discontinuer. Les obus faisaient tournoyer dans l'air leurs mèches flamboyantes, semblables à des girandoles qui se croisaient en tous sens, ou bien, obéissant aux desseins meurtriers de ceux qui les envoyaient, ils allaient ricochant à hauteur d'homme au milieu de la foule tumultueuse pour rencontrer plus de victimes. J'ai la conviction que les ennemis lancèrent aussi des *pots à feu*, pour éclairer l'étrange désordre où nous étions et y mieux diriger leurs coups ; car il me souvient que, par intervalles, règnaient soudain des clartés persistantes et d'une éblouissante blancheur à laquelle rien ne pouvait se dérober.

C'était comme une illumination féérique, au milieu de laquelle tournaient et retournaient en vain nos pauvres soldats, cherchant leur drapeau, et criant pour se retrouver : Division Maison ?.. Cinquième corps ?.. Jeune garde.. ?

Je me promenais aussi à demi enivré sur ce théâtre de confusion, tout inondé de lumière. Il me rappelait une autre illumination que j'avais vue, trois ans auparavant, pour une fête de l'Empereur, et qui m'avait paru un spectacle des Mille et une nuits ; mais ceci était encore plus beau. Je me promenais, dis-je, et j'appelais mes camarades, au milieu de ces redoutables courbes de feu qui dansaient autour de nous, quand je sentis tout à coup une forte secousse au bras droit, suivie d'une douleur sourde. Je connaissais, par ouï dire, la sensation que produit le boulet qui emporte un membre, et je me dis : Mon bras est loin ! — Je le tâte vivement et avec angoisse. Non, il est toujours là !... Encore cette fois, ce n'était qu'une balle morte. (Ne me faites pas trop de reproches, quoique j'en mérite beaucoup, je fus ici reconnaissant et remerciai Dieu.)

Cette situation dura une partie de la soirée, jusqu'à ce qu'enfin, par ces appels à haute voix, les hommes d'un même régiment, ou du moins d'une même division, fussent parvenus à se grouper pour s'étendre ensemble sans abri, sans pain, sans feu, sur la terre humide et y attendre un nouveau jour.

Je m'étendis comme les autres sur cette rude couche, et m'y endormis aussitôt d'un sommeil de plomb.

Sur cette terre où je dormais, étaient couchés en même temps plus de cinquante mille morts ou mourants. Mais ce n'était pas tout, car deux autres batailles s'étaient livrées le même jour, l'une au couchant, l'autre au nord de Leipzig. Bertrand contre Giulai, à Lindenau, avait pu nous conserver la route de France. Marmont contre Blucher, à Mœckern et sur la Partha, avait lutté depuis midi contre des forces supérieures, mais il avait dû céder le terrain et venir s'appuyer aux faubourgs. Ces deux affaires, qui nous avaient coûté sept à huit mille hommes et dix mille à l'ennemi, n'avaient rien changé à la situation générale, qui était non-seulement critique, mais on peut dire déplorable pour nous. Sans doute nous pouvions nous attribuer l'avantage dans la lutte au sud de la ville, car nous couchions sur le champ de bataille, mais cela importait bien peu, puisque dans l'état des choses, ainsi que nous l'avons vu, une bataille indécise devenait décisive contre nous.

Journée du 17

Journée de repos et qui ne doit pas compter dans la bataille de Leipzig, car il ne s'y échangea que de rares coups de fusil entre des tirailleurs fatigués ; ce fut pourtant une triste, bien triste journée, du moins pour nous.

Dès le matin, Napoléon, accompagné de ses principaux généraux, parcourut lentement et à pied ce champ de bataille, dont l'horreur semblait se refléter sur la physionomie de ces hommes de guerre, qui avaient vu pourtant de bien terribles spectacles en ce genre. Tout était morne dans ce cortége, qui s'avançait silencieux sur une terre trempée de sang, sous un ciel sombre et pluvieux, au milieu de tant d'hécatombes humaines.

La pensée d'un désastre abordait évidemment l'esprit, non-seulement des chefs, mais aussi de l'armée, car nous ne pouvions nous abuser sur la situation, et il eût suffi, pour nous éclairer, de voir l'Empereur en si nouvelle et étrange condition. Ce fut lui qui laissa le premier échapper le mot de *retraite,* que personne n'osait prononcer autour de lui. Heureux encore, s'il avait su s'y décider immédiatement et la commencer le soir même pour l'effectuer durant la nuit ; il aurait sauvé la plus grande partie de son armée et aurait pu s'arrêter sur le Rhin, où l'on aurait certainement craint de l'attaquer. Mais se proclamer ainsi vaincu, était un sacrifice trop amer pour son orgueil ; il ajourna au lendemain toute décision, ne voulant faire cette retraite qu'au grand jour, et comme une marche stratégique qui imposât encore aux ennemis. La journée du 17 s'écoula donc tout entière sans qu'aucun ordre fût donné, et ce temps perdu eut de fatales conséquences.

Mais pourquoi les alliés demeurèrent-ils également inactifs ? Sans doute ils avaient, eux aussi, besoin de se reposer et de se refaire, après une bataille qui leur avait coûté près de 40,000 hommes, mais leur principal motif fut que cette journée d'attente leur serait aussi avantageuse qu'elle serait funeste aux Français ; ils devaient recevoir en effet le lendemain 110,000 hommes de troupes fraîches, tandis qu'il ne nous en arrivait que 15,000 sous Reynier, dont 10,000 Saxons qui allaient nous trahir sur le champ de bataille. C'étaient donc, toutes pertes compensées, 300,000 hommes qui en attaqueraient 150,000 le 18.

La proximité de Leipzig avait permis de faire quelques distributions à l'armée, peu abondantes, il est vrai, vu le nombre des partageants, et peu fortifiantes, vu l'absence de viande. Dans ces plaines si complétement ravagées, nous n'avions d'autres ressources pour vivre que les magasins de l'Etat, dont les administrateurs, fort impopulaires parmi nous, nous envoyèrent en très-petite quantité des légumes secs, du pain et de l'eau-de-vie.

Notre installation pour la nuit fut donc aussi misérable que possible. Point de bivouac que la terre nue ; presque point de feux, car on n'avait pour en allumer que des débris d'affûts, de caissons ou de roues qui ne brûlaient guère, et c'est en vain qu'on essayait de les alimenter en y jetant les buffleteries ou les shakos des morts ; il n'en sortait, au lieu de flamme, qu'une fumée épaisse et puante. C'est autour de ces lugubres foyers que se réunissaient les pauvres restes de notre régiment. Souffrances du corps et souffrances du cœur !

Cependant la pluie diminuait ; on apercevait même de temps en temps quelques étoiles dans le ciel. Un de nos vieux officiers se mit à les regarder attentivement, en pensant sans doute aux vides douloureux qui s'étaient faits parmi nous, car il s'écria tout à coup : Où sont maintenant nos camarades ? Et il ajouta aussitôt : Et nous, où serons-nous demain ?— Il voyait là-haut nos demeures prochaines. Ses paroles traduisaient un sentiment commun, car elles amenèrent des réflexions très-sérieuses, très-élevées, et telles que bien des gens se seraient étonnés de les entendre dans un pareil cercle. A tort, certes, car, surtout dans les circonstances graves, tous les hommes se ressemblent : leurs différences sont plus extérieures qu'intérieures. Et quelles circonstances plus propres que celles où nous étions, à faire apparaître ce sentiment religieux qui est au fond de toutes les âmes ?

J'ai envie de profiter de cette soirée relativement calme, quoique sombre, pour causer aussi avec vous sur quelques questions qui se sont peut-être présentées à votre esprit.

On m'a demandé, par exemple, s'il était réellement possible de rester parfois deux ou trois jours sans manger, et de trouver encore la force de marcher et de combattre. Ce doute, qui m'a préoccupé moi-même, m'a conduit à sonder scrupuleusement mes lettres et mes souvenirs, pour voir si je ne me serais pas trompé sur ce point. Le résultat a été que, pour un ou deux cas au moins, il y avait une véritable impossibilité à admettre que j'eusse pu me procurer des aliments ; en sorte que j'ai dû reconnaître la réalité de ces jeûnes extraordinaires, sans pouvoir expliquer comment on y résistait. Je reconnais toutefois que cette résistance n'était pas à la portée de tous, et qu'il fallait certaines dispositions physiques et morales pour ne pas succomber.

Du reste, il y a plus d'un mystère, vous le savez, autour de nous et en nous, et je mettrais volontiers dans le nombre l'influence étrange et vraiment inexplicable que peuvent exercer les nécessités de la guerre, soit sur le corps, soit sur l'esprit du soldat. Entre autres exemples, je me rappelle celui de cet artilleur à deux chevrons que j'avais vu le 16, en suivant le mouvement de cette formidable batterie de la vieille garde et de ses 32 pièces de douze, dont je vous ai parlé. On venait de l'asseoir sur un tronc d'arbre, son pied ayant été emporté par un boulet. Que faisait-il là ? Il fumait sa pipe, et achevait de détacher avec son couteau ce pied qui pendait encore à un fragment de peau. — Je sais bien que le boulet ne produit pas sur le membre atteint la sensation aiguë du tranchant de l'acier, mais un engourdissement momentané. Toutefois, je le disais tout à l'heure, j'ose à peine raconter ce fait, dans la crainte d'entendre quelque chirurgien me dire, en se moquant : Mon cher Monsieur, il n'y a ni vigueur de nerfs, ni énergie d'âme, ni douceur de boulet qui puisse expliquer un tel fait. Votre artilleur à chevrons est une pure illusion ; vous ne l'avez pas vu, vous l'avez rêvé. — Soit, et pourtant je jure le contraire !

Quant à l'esprit du soldat, ses impressions se modifient étonnamment, surtout sur le champ de bataille ; on pourrait en citer mille preuves. Voyez seulement cet homme, qui, dans son village, mis en présence d'un malheureux fracassé, pouvait à peine supporter la vue de ces horribles plaies, et qui, lorsqu'il sera de retour, éprouvera à peu près les mêmes sensations en cas pareil, voyez-le maintenant parmi ces êtres affreusement mutilés et tout palpitants ; il marche au milieu d'eux presque avec indifférence, quoique ce soient pourtant ses camarades et qu'il puisse à chaque instant tomber de même. Voyez encore près de nous, à ce foyer voisin, ces soldats qui, pour éviter l'humidité de la terre, se sont assis sur des morts... Ici pourtant, je dois le dire, une protestation énergique s'est soulevée contre eux ; on les a appelés des *sans cœur*, et, malgré des raisonnements philosophiques qui leur paraissaient concluants, ils ont dû céder à ce sentiment instinctif qui honore l'homme : *Respect aux morts!*

Mais brisons là, car ces sortes d'observations rétrospectives risqueraient de s'étendre outre mesure. Je ne me suis déjà que trop longuement arrêté sur la bataille du 16, mais je serai beaucoup plus sobre dans mon récit de la journée du 18, non pas qu'elle ait été moins terrible et moins sanglante, puisque plus de 50,000 hommes y sont tombés comme dans la première, mais parce que notre corps d'armée était tellement affaibli qu'il ne pouvait plus y occuper une grande place. Je crois même que notre valeureux Maison n'y parut pas, car je ne me souviens pas de l'avoir revu depuis la soirée du 16 ; il était sans doute retenu à Leipzig par ses blessures. Ce fut le général Lauriston qui nous commanda dès lors directement. Hélas ! il n'avait pas grand'peine, car son corps d'armée tout entier comptait moins d'hommes qu'un seul de ses régiments au commencement de la campagne. Toutefois, comme vous le verrez, nous ne fûmes pas sans prendre notre part de la lutte.

Mais c'est assez causé, la soirée avance ; dormons maintenant, si possible.

Journée du 18

C'était très-possible, mais ce ne fut pas long. L'Empereur ayant pris sa décision durant la nuit, avait donné immédiatement ses ordres pour la retraite, et, à trois heures du matin, nous étions déjà en marche sur Leipzig. Toute l'armée, opérant le même mouvement rétrograde, se rapprochait ainsi de la ville pour l'entourer d'un cercle de fer plus resserré et plus compacte que la veille, afin de contenir l'ennemi pendant que les parcs de réserve et l'immense convoi des bagages s'écouleraient à travers les rues, et iraient reprendre le chemin de la France; après quoi, chaque corps devait défiler à son tour et suivre la même route.

Napoléon espérait que cette marche s'accomplirait sans opposition sérieuse de la part des alliés, heureux qu'ils seraient de le voir enfin en retraite. Funeste erreur, qui devait amener un affreux désastre. En effet, pour faire sortir de Leipzig cette armée de plus de cent mille hommes avec tout son matériel et la porter au delà de l'Elster, il n'y avait qu'une seule issue et un seul pont,.... tandis qu'il eût été si facile d'en improviser plusieurs! C'est cette inconcevable aberration ou cette impardonnable négligence qui a soulevé, à bon droit, l'indignation contre ceux qui s'en sont rendus coupables.

Pour garder sa seule issue vers la France, notre armée enveloppa Leipzig du nord au sud, appuyant chacune de ses aîles à l'Elster, qui figurait ainsi la corde du demi-cercle. Cette ligne courbe était à peu près continue, mais au sud, au village de Probstheyda, elle se repliait brusquement à angle droit pour aller se rattacher aux rives enchevêtrées de la Pleisse et de l'Elster. C'est cet angle saillant, devenu le point décisif, que l'ennemi devait emporter pour percer notre cuirasse, et c'est là, en effet, qu'allait se faire son principal effort.

La grande armée de Schwartzenberg se déployait en face de Probstheyda, que Napoléon occupait avec sa garde et les restes des corps d'armée qui, le 16, avaient déjà combattu sous lui ; parmi ces corps bien éprouvés, figurait celui de Lauriston, ayant perdu les deux tiers de son effectif. C'étaient environ 80,000 hommes contre 180,000. — A notre gauche, et, par conséquent, à l'est de la ville, se trouvait Ney, et, en remontant vers le nord, Marmont, qui devait arrêter Bernadotte et Blucher, avec des troupes de moitié moins nombreuses que celles qui leur étaient opposées. Les ennemis parviendraient-ils à rompre notre ligne pour pénétrer dans Leipzig, c'était la question vitale pour nous qui allait se débattre.

Déjà pendant la matinée, les approches de l'armée de Bohême avaient donné lieu à de rudes combats de notre côté, mais c'est surtout depuis midi, lorsqu'il entendit le canon de Blucher et de Bernadotte, qui entraient alors en action, que Schwartzenberg lança définitivement ses colonnes pour enlever Probstheyda. Les plus furieuses attaques se succédèrent sans relâche avec un incroyable acharnement, amenant une succession d'effroyables mêlées sur ce terrain sanglant, tantôt conquis, tantôt reperdu. Je ne vous les décrirai pas ; ce serait répéter l'histoire de Liebert-Wolkwitz, où la lutte fut la même, aussi bien que le résultat. Vers la fin du jour, en effet, Schwartzenberg reconnut qu'il ne pouvait emporter cette position, rendue inexpugnable par le courage désespéré de ses défenseurs, et il se décida à terminer la journée par un épouvantable combat d'artillerie, qui vint décimer encore les faibles restes de nos bataillons.

Quelles furent mes impressions durant cette journée ? Elles ne furent et ne pouvaient être bien différentes de celles de l'avant-veille. Si, par suite de notre affaiblissement numérique, nous participâmes dans une moindre mesure à la bataille, du moins nous en fûmes constamment les spectateurs rapprochés et très-gravement intéressés ; car, quand ce n'était pas la baïonnette ou la fusillade, c'étaient la cavalerie et surtout l'artillerie qui nous prenaient à partie. Je lis, par exemple, dans une de mes lettres, à l'occasion de la dernière canonnade, que « les boulets roulaient dans la plaine comme « des poignées de pois dans une chambre. » L'expression est hyperbolique sans doute, mais elle ne s'éloigne pas énormément de la vérité. On doit comprendre dès lors que, même au repos (si un tel mot peut s'employer ici), nous ne jouissions pas d'une grande sécurité.

De la position de Probstheyda, on pouvait embrasser du regard l'ensemble de cette lutte gigantesque où 400,000 combattants se disputaient Leipzig, car, sur les points éloignés, la fumée dessinait pour nous la place et le mouvement des corps. C'étaient trois batailles qui se livraient à la fois : au sud, à l'est et au nord. Il y en avait même une quatrième à l'ouest, car nous entendions le canon de Bertrand, chargé de nous rouvrir la route de France que Giulai avait encore interceptée.

Quant à la plaine immédiatement environnante, elle nous présentait successivement toutes les formes de combat en usage à la guerre, et c'est là particulièrement que je pus étudier les effets réciproques des charges de cavalerie et de la résistance des carrés, dont j'ai parlé plus haut. Cette étude ne s'appliquait pas seulement aux carrés, amis ou ennemis, que nous apercevions autour de nous, elle trouvait tout naturellement aussi son objet dans le carré que notre régiment devait assez fréquemment former, et que je voyais, hélas! devenir toujours plus petit. A la fin du jour, il pouvait à peine contenir les quatre ou cinq chevaux de notre modeste état-major.

Ce qui me frappa beaucoup dans une telle situation, c'est l'insouciante avidité avec laquelle on se hâtait d'hériter d'un camarade tué. Son sac était immédiatement fouillé, sans doute dans le but honnête et autorisé d'en retirer les paquets de cartouches qui s'y trouvaient, mais on en retirait en même temps une chemise, des souliers ou tel autre objet de toilette, qui devenaient bientôt parfois l'héritage d'un autre. Je fus témoin d'une scène de ce genre bien propre à inspirer des réflexions philosophiques. Un soldat venait d'être frappé d'un boulet, aussitôt un camarade s'empresse de visiter son sac. Mais, soit hasard, soit que la pièce ennemie eût conservé exactement la même direction, un nouveau boulet couche à terre ce premier visiteur; puis, un second qui le remplace subit le même sort; ce qui n'empêcha pas un troisième de les dépouiller tous trois.

Mais, pour ne pas vous fatiguer de mes remarques, je n'en rapporterai plus qu'une dernière. Une division du corps de Macdonald (qui nous touchait à gauche), avait été formée en colonne d'attaque et chargée de s'emparer d'un village voisin; mais, arrêtée d'abord, puis repoussée par une formidable artillerie, on la voyait dans la plaine comme un immense parallélogramme noir, qui rebroussait lentement devant la masse de projectiles dont elle était accablée. Chose curieuse, et pourtant moins inexplicable, je crois, qu'il ne le semblerait d'abord, la partie du parallélogramme du côté de l'ennemi conservait sa forme régulière et ses lignes droites et fermes, tout en semant des cadavres sur ses traces ; au contraire, la partie la moins exposée et qui se rapprochait de nous, n'avait plus de forme, s'émoussait et s'éparpillait en filets divergents, comme on voit s'écarter du tronc les racines d'un arbre arraché. Cette vue, pénible pour tous, navrait surtout notre adjudant-major, ancien soldat d'Italie, qui, levant les bras en l'air, s'écriait les larmes aux yeux : Oh ! Français, Français, qu'êtes-vous devenus !... Au même instant, un boulet lui emporta l'épaule ; on voulut le relever, mais il expira bientôt, content peut-être de mourir pour ne pas voir le reste.

Je n'entreprendrai certainement pas de vous transporter sur les autres parties du champ de bataille, c'est bien assez que je vous aie si longtemps retenus à l'endroit où je me trouvais. Il me suffira de dire que les trois autres batailles, quoique commencées plus tard, furent aussi disputées et presque aussi sanglantes que celle de Probstheyda. Mais il s'y passa de plus un drame vraiment douloureux, lorsque la division saxonne, qui comptait près de 10,000 hommes et 40 pièces de canon, quitta subitement les rangs français, la cavalerie en tête, pour aller se joindre aux ennemis, ouvrant ainsi une large trouée dans notre ligne affaiblie. Bien plus, ces mêmes canons qui, un instant auparavant, tiraient sur les alliés, elle les tourne aussitôt pour couvrir de mitraille la division Durutte, avec laquelle elle servait depuis deux ans. N'y a-t-il pas là quelque chose qui blesse l'honneur militaire et presque la conscience ?

Que les Saxons fussent allemands avant tout et qu'ils désirassent la chute de Napoléon, qu'ils eussent en conséquence refusé de marcher et de combattre (ce que leur nombre aussi bien que la situation générale leur eût permis de faire), cela se serait compris et ils en avaient parfaitement le droit ; ou même, qu'ils eussent attendu d'être sur le champ de bataille pour nous abandonner, on pourrait le pardonner, quoique cela se comprenne moins ; mais, ce qui ne se comprend plus, c'est de mitrailler immédiatement les compagnons d'armes qu'ils viennent de quitter. Voilà ce qu'il est impossible de justifier, et je suis convaincu que ce ne fut pas ici la faute des soldats ; jamais, non jamais des soldats laissés à eux-mêmes ne se seraient conduits de cette manière : ils furent entraînés par l'autorité de leurs chefs.

Et qu'étaient donc ces chefs ? Des hommes sans honneur et sans conscience ? A Dieu ne plaise que je les juge ainsi. C'étaient seulement des hommes fanatiques de la patrie allemande ; et ce n'est pas la seule fois, certes, que les convictions et les sentiments les plus nobles et les plus respectables dans leur principe, ont poussé à des actes condamnables ou même odieux. Fanatisme politique, fanatisme religieux, fanatisme patriotique, peuvent également pervertir dans les âmes la notion du bien, l'histoire le dit assez. Tant il est vrai que la raison de l'homme doit toujours contrôler et retenir dans de justes limites, même ce qu'il y a de meilleur en lui.

Au reste, cette triste conduite eut sa récompense ordinaire : on prétend que les généraux russes et suédois s'en montrèrent eux-mêmes indignés, et elle n'empêcha pas les souverains alliés de démembrer la Saxe après la victoire.

Lorsque Napoléon apprit ce nouveau désastre, il y courut avec sa garde, et arriva à temps pour fermer la brèche et arrêter les ennemis. Ainsi, malgré leur immense supériorité et leur formidable artillerie, malgré l'acharnement de leurs attaques, les alliés ne purent entamer nulle part ce cercle de débris mutilés qui entourait Leipzig, et dont l'héroïque résistance arrachait leur admiration. Les ténèbres seules mirent fin au carnage, car jusqu'à la nuit close, plus de deux mille bouches à feu vomirent la mort sur toutes les faces de ce terrible champ de bataille.

Bien que notre ligne subsistât encore, cette journée achevait de rendre impossible la continuation de la lutte. La retraite, une retraite immédiate devenait enfin forcée, et elle dut commencer aussitôt. La garde d'abord, ensuite les blessés (du moins ceux du 16 déjà relevés, car ceux du 18 restaient tous sur le terrain), puis l'artillerie, la cavalerie et les autres corps de l'armée, quittèrent successivement le champ de bataille, pour traverser la ville et se porter au delà de l'Elster. Le défilé dura toute la nuit, mais on peut penser avec quelle peine et quelle lenteur. L'explosion des caissons qu'on faisait sauter, un affreux encombrement d'hommes, de chars et de chevaux, la pluie, la fatigue, la faim, l'obscurité, le découragement, et surtout l'indiscipline, inséparables d'une telle retraite, en rendaient la marche presque insensible, et le jour devait évidemment paraître longtemps avant qu'elle pût être achevée.

Des troupes avaient été désignées pour partir les dernières et aller s'établir aux faubourgs de Leipzig, afin de les défendre à outrance et de laisser ainsi au reste de l'armée le temps de s'écouler. Reynier était au nord et Marmont à l'est; puis Macdonald, au sud, devait former l'extrême arrière-garde avec ce qui restait des corps décimés de Poniatowski et de Lauriston. On voit que nous ne pouvions nous plaindre qu'on ne pensât point à nous: on nous plaçait aux meilleurs endroits. — Cette disposition nous procura toutefois l'avantage de demeurer quelques heures de plus étendus sur la terre, en attendant de commencer notre rude tâche du lendemain.

Journée du 19

Dès le matin, nous étions établis dans des jardins potagers, attenant au faubourg du sud. Ces jardins étaient séparés de la plaine extérieure par une muraille médiocrement élevée et peu forte, mais, comme c'était là qu'il nous fallait arrêter l'ennemi le plus longtemps possible, nous nous mîmes à créneler de notre mieux cette vieille muraille à coups de crosse et de baïonnette, et à y pratiquer quelques ouvertures pour nous servir de meurtrières. Ces précautions ne furent pas inutiles; les lignes de tirailleurs s'approchèrent bientôt, et, quoiqu'elles se montrassent toujours plus épaisses, la supériorité de notre position nous permit de les arrêter longtemps, en leur faisant perdre beaucoup de monde.

Les choses changèrent de face, lorsque l'artillerie vint à s'en mêler; car les boulets criblant notre faible rempart, et nous renversant parfois des pans de mur sur la tête, la position devint intenable et il fallut l'abandonner. Ce ne fut pas toutefois avant d'en avoir reçu l'ordre positif et réitéré, et même ce ne fut pas sans peine que nous parvînmes à le faire exécuter, car nos soldats étaient exaspérés : ils voulaient toujours tirer encore un coup de fusil, avant de quitter la place. Le temps pressait pourtant ; l'entrée du faubourg, défendue jusque-là par notre artillerie, allait être abandonnée, et il fallait se hâter de rentrer, si l'on ne voulait pas être pris.

Toute l'armée de Schwartzenberg défilait en effet sous nos yeux en masses profondes. Les colonnes s'avançaient en bon ordre, au bruit de toutes leurs musiques et en poussant des hourras de triomphe. J'ai su depuis que ces ovations célébraient le passage des trois souverains alliés, qui, sûrs désormais de la victoire, s'apprêtaient à entrer ensemble dans Leipzig. De telles manifestations n'étaient pas faites pour calmer notre irritation. Aussi, tout en filant derrière les restes de notre muraille, et baissant la tête pour éviter leurs balles et leurs boulets, je montrai le poing à ces triomphateurs, en criant à un de mes camarades : Entendez-les, ils font de la musique, les lâches ! — Mais, direz-vous, pourquoi cette épithète ? Ils ne la méritaient pas. — Comprenez-moi bien : je ne les accusais pas de manquer de bravoure, mais de délicatesse.

Ce ne fut pas sans peine, ni sans pertes, que nous traversâmes les rues tortueuses des faubourgs ; car l'artillerie des alliés couvrait la ville de ses projectiles, et des coups de feu partaient des fenêtres des maisons. Ils nous étaient adressés par des Saxons et des Badois de la garnison, qui marquaient ainsi leur volte-face, et aussi par les habitants eux-mêmes, du moins à ce que nous crûmes, et c'est là surtout ce qui excitait notre indignation; car il faut savoir que les militaires ont une morale spéciale à cet égard. Ils n'en veulent nullement aux soldats ennemis qui leur tirent dessus. C'est leur affaire, se dit-on; ils sont là pour cela, aussi bien que nous. Mais des bourgeois, des paysans,... ce sont des *brigands*, et ils méritent qu'on les traite comme tels. Le mot et l'idée sont universellement reçus dans les armées conquérantes, et ils ont même passé chez plus d'un grave historien. Il en ressort évidemment cet axiome : Sans uniforme, on n'a pas le droit de se défendre chez soi.

Il était près de midi, quand notre petite troupe déboucha enfin sur le large boulevard qui sépare la ville des faubourgs; mais, quelque vaste qu'il fût, il ne pouvait contenir la multitude de soldats de toute arme, cavaliers et fantassins, qui y affluaient de toutes les rues en combattant, car les autres portes venaient d'être forcées comme celle du sud. Au milieu de cette foule tumultueuse apparaissait un groupe d'officiers-généraux à cheval, et parmi eux, je reconnus aussitôt Lauriston et Poniatowski qui s'entretenaient d'un air sombre. Mon camarade et moi, nous essayâmes vainement de pénétrer jusqu'à eux, pour savoir ce dont il s'agissait; mais le mystère nous fut dévoilé, lorsque de toute part des voix consternées répétèrent ces mots sinistres : Le pont vient de sauter! — Quel pont? — Le pont de l'Elster; on ne peut plus passer, nous sommes tous prisonniers. — Prisonniers ! nous écriâmes-nous, c'est ce qu'il faudra voir. Filons vers la rivière.

Beaucoup avaient déjà pris ce parti; nous suivîmes le torrent, et nous arrivâmes bientôt à un cours d'eau sur lequel on avait essayé de jeter un pont en planches, qui avait promptement cédé sous la masse des fugitifs. De déplorables débris marquaient déjà ce premier lieu de passage : des voitures pillées, des armes abandonnées, des hommes noyés, des blessés tristement assis sur la rive et regardant l'autre bord en gémissant. Hélas ! que pouvions-nous y faire? — Comme on n'avait de l'eau dans ce courant que jusqu'à la ceinture, nous l'eûmes bientôt mis derrière nous. Nous en rencontrâmes encore deux ou trois autres qui n'étaient pas plus redoutables, et nous nous disions : Que de bruit pour rien ! Mais ce n'était là que le commencement de la tragédie ; nous n'avions traversé que les bras divisés de la Pleisse, et le danger sérieux se trouvait ailleurs.

Nous nous en doutâmes en voyant se dessiner tout à coup devant nous une épaisse ligne d'hommes, qui s'agitaient confusément et semblaient arrêtés par un obstacle infranchissable. Nous approchons. C'était l'Elster, qui, gonflé par les pluies continuelles, roulait avec violence des eaux noirâtres et profondes, bien capables d'entraîner et d'engloutir des milliers d'hommes.

Sur les bords s'étalaient des fourgons éventrés, de magnifiques uniformes, des armes dorées, des monceaux de linge fin, toute sorte de richesses qui excitaient bien la convoitise, mais que personne ne touchait, faute de pouvoir les emporter. Sur le fleuve, une foule de têtes paraissaient et disparaissaient tour à tour, attestant avec quelle ardeur désespérée nos soldats tentaient le passage à la nage ; mais un grand nombre d'entre eux, ayant trop compté sur leurs forces, ou s'embarrassant les uns les autres, allaient rejoindre la file de cadavres que charriait la rivière. Les cavaliers n'étaient guère plus heureux, car, sur le rivage même et jusqu'au milieu du courant, malgré leurs coups de sabre, des hommes s'attachaient à eux comme des guêpes, formant autour du cheval une grappe dont le poids dépassait les forces de l'animal, et tous se noyaient. C'est ainsi probablement que périssait à quelques pas de là, le brave Poniatowski.

Eh bien ! des choses plus désolantes encore s'étaient passées, pendant la nuit et durant la matinée, vers le pont de Leipzig, obstrué et encombré par les fuyards. Ces scènes revêtirent même un caractère spécial d'atrocité, en ce que les malades et les blessés étaient précipités dans la rivière ou broyés par les voitures et les chevaux de leurs propres camarades, qui, aveuglés par un furieux égoïsme, voulaient se sauver à tout prix, et marchaient, a-t-on dit, dans une boue de chair humaine.

Quant à nous, qu'allions-nous faire devant cette barrière de l'Elster? Fallait-il nous jeter aussi dans ces eaux fatales, où savoir nager n'était point une garantie? Heureusement, mon camarade eut une idée excellente.[1] Suivez-moi, me dit-il, et remontons la rivière du côté des ennemis. — C'est ce que nous fîmes, en nous cachant de notre mieux le long de la berge qui était assez élevée. Quand nous fûmes tout près des tirailleurs autrichiens, la rivière se trouvant alors parfaitement libre, nous sautâmes dans l'eau; quelques coups de fusils nous y suivirent, mais ne nous atteignirent pas. Nous coupions le courant avec toute l'énergie que donne le désir de n'être pas pris ou noyé.

Cette traversée n'avait d'abord paru qu'un jeu, au hardi nageur qui avait plus d'une fois franchi le Rhône au-dessous des moulins de la Coulouvrenière; mais, gêné par mon équipement militaire, alourdi par mes vêtements qui s'emplissaient d'une eau boueuse et verdâtre (mon portefeuille et mes papiers en ont gardé les traces), je me sentais enfoncer, quoique je touchasse presque à l'autre rive. Pilois, plus vigoureux et plus âgé que moi, avait déjà pris terre; il voit mon embarras, redescend la berge, s'accroche à une racine, me tend son

[1] Ce camarade, sous-lieutenant de notre compagnie de voltigeurs, était du Luxembourg et se nommait Pilois: j'aime à me rappeler son nom.

pied que je saisis, me tire de l'eau, et nous voilà courant la plaine à la recherche de l'armée.

Aller seuls à travers champs, marcher paisiblement côte à côte et en pleine sécurité, quel contraste avec les scènes que nous venions de quitter! Et ces scènes terribles duraient encore, car nous entendions tonner l'artillerie qui consommait la destruction de ce qui restait de l'armée française dans Leipzig. Deux cents pièces de canon perdues, plus de vingt mille hommes tués, noyés ou pris, voilà ce que coûtait le pont sauté. Mais, que ces chiffres représentent peu l'affreux spectacle qui était encore pour ainsi dire sous nos yeux! Nos amis mutilés, sanglants, tant de jeunes vies tranchées par le fer ou étouffées sous les flots, partout des êtres angoissés, et parfois des cris déchirants.... Oh! nos pauvres camarades!

Et pourtant, le dirai-je? tout en ayant le cœur navré, il nous était impossible de ne pas savourer le calme qui nous entourait. Jouissance égoïste, j'en conviens, mais peut-être un peu excusable dans la circonstance, et qui ne coûtait rien du moins à notre conscience de soldat: nous avions fait notre devoir jusqu'au bout.

Tout en nous dirigeant sur la droite, pour nous rapprocher de la route de France, nous cherchâmes à manger, car il se faisait tard et nous étions à jeun depuis l'avant-veille. Mais ces champs dénudés ne nous offraient guère de ressources. Quelques pommes sur les arbres, des racines, des raves arrachées de terre et mangées crues, c'était une bien chétive restauration pour des hommes affamés et déjà affaiblis par les privations. Cependant telle fut notre unique nourriture ce jour-là, et telle elle resta à peu près, pendant les quinze jours que dura notre retraite jusqu'au Rhin.

Nous nous joignîmes enfin aux restes de la division Maison, disons plutôt du 5me corps d'armée, dont le chef était resté aux mains des ennemis. Le tout ensemble formait quelques centaines d'hommes à peu près sans armes, la plupart s'étant sauvés à la nage ; le soir, nous bivouaquions à Mackranstædt.

Mackranstædt! C'était là que j'avais vu Napoléon le matin de Lutzen, et c'est là que je le revis encore le soir de Leipzig. Quel contraste entre cette brillante aurore de la campagne de 1813, et cette fin lugubre s'accomplissant au même lieu ! Etrange et poétique destinée de ce petit endroit, resté presque inconnu et sans retentissement. Pourquoi? Serait-ce seulement à cause de la rudesse de son nom ?

La retraite

La journée du lendemain, 20 octobre, fut presque entièrement employée à recueillir les soldats débandés qui avaient pu traverser l'Elster, soit avant, soit après la catastrophe du pont. Ils nous arrivaient continuellement comme des bandes d'oiseaux effarés, et dans l'état le plus déplorable. Nous marchions cependant, mais, en raison même de la confusion qui y régnait, l'armée s'écoulait lentement et péniblement à travers les plaines de Lutzen. Quel eût été son sort, si les alliés s'étaient mis immédiatement à notre poursuite? Heureusement, la plus grande partie de leur armée ne quitta pas Leipzig, où elle demeura quelques jours pour se refaire. — Quant à nous, parvenus le 23 à Erfurt, nous eûmes aussi deux jours de répit autour de cette place, qui renfermait de grands magasins militaires. Là, on distribua des munitions, des vivres, et surtout des fusils à ceux qui se décidaient à les prendre, sinon à les garder; car la plus grande plaie de l'armée, c'était encore la démoralisation.

Dès le premier jour de la retraite, une foule de soldats, plus ou moins blessés, plus ou moins malades, ou se disant tels, s'étaient mis à cheminer sans armes à la queue des colonnes. Cela pouvait se justifier jusqu'à un certain point, mais l'exemple entraîne. A ceux-ci vinrent bientôt s'adjoindre, en nombre toujours plus considérable, des hommes qui n'avaient pas les mêmes prétextes. Leurs seuls mobiles étaient le dégoût de la guerre, le désir de marcher indépendants et de vivre en maraudeurs, aux dépens des villages dont ils détruisaient les ressources.

Tout ce qu'il y avait de moins respectable dans nos rangs allait successivement grossir cette troupe de vagabonds, qui ne se trouvaient plus seulement à la queue, mais aussi sur les flancs et surtout en tête des colonnes pour être les premiers au pillage.

Cette multitude désordonnée, sans armes, sans dignité et sans force morale, était désignée parmi nous sous le nom bien connu de l'*armée des fricoteurs*, que lui avait valu l'unique occupation à laquelle elle voulut se livrer. Tous ceux qui s'y enrôlaient portaient fidèlement un insigne qui les faisait de suite reconnaître : c'était un petit pot de terre, suspendu par une ficelle à la boutonnière. Et c'était bien véritablement une armée, du moins par le nombre, puisque, si l'on comptait déjà plus de 20,000 de ces fricoteurs de Leipzig à Erfurt, il s'en trouva 30 ou 40,000 d'Erfurt à Hanau, et près de 60,000 de Hanau à Mayence, tant cette contagion allait croissant. Notre malheureuse armée s'avançait ainsi entourée de ce honteux cortége, déjà plus nombreux qu'elle-même, et qui s'augmentait à vue d'œil.

Ce qui augmentait aussi à vue d'œil, c'étaient les privations et les souffrances de ceux qui restaient fidèles au drapeau. Le passage des fricoteurs dans le pays faisait l'effet du passage des sauterelles en Orient ; on ne trouvait plus rien sur la route ; tout était consommé, hâché, brûlé. Les habitants avaient fui, et attendaient à quelque distance, avec l'impatience qu'on peut croire, la fin de ce torrent dévastateur. Nous étions donc réduits à fouiller les champs pour y chercher des racines ; rarement nous avions la chance de trouver encore sous les décombres des chaumières quelque mangeaille oubliée, et, parfois, un pot de ces rustiques confitures que les paysans de la contrée préparent pour le goûter de leurs enfants ; alors nous en faisions la soupe.

Mais une des plus grandes épreuves de cette déplorable retraite, c'étaient les marches de nuit, et elles étaient continuelles. On ne se figure pas quelles souffrances de corps et d'esprit elles imposent. Ces longues colonnes de malheureux soldats fatigués, affaiblis, qui se suivent dans les ténèbres, tassés les uns contre les autres, se marchant sur les talons au milieu des ornières et de la boue (car la pluie ne discontinuait pas), ces colonnes n'avancent que lentement et comme par secousses. Leur écoulement est semblable à celui d'une vase liquide que le moindre obstacle arrête, ne fût-ce qu'un caillou, et qui ne reprend son cours intermittent qu'après l'avoir péniblement surmonté. Ainsi le plus petit arrêt à la tête de la colonne se propageait jusqu'à son extrémité, et allait même en grandissant contre toute raison, à ce qu'il semble. Nous ne savions jamais si l'arrêt durerait une minute ou un quart-d'heure, aussi c'était un vrai soulagement quand on se remettait en marche ;

hélas! souvent après quatre pas, on s'arrêtait de nouveau. En attendant, nous restions debout et si accablés de sommeil que plus d'un, à son grand étonnement, se trouvait inopinément le nez sur le sac du camarade qui était devant lui.

Au bout de quelques heures passées dans de telles conditions, c'est à peine si l'on conserve une conscience nette de soi-même; on marche comme des hallucinés, on a des visions, on rêve, on rêve... Il me souvient que je me trouvais dans cette situation d'esprit en passant devant le château ducal de Gotha, placé sur une éminence qui domine la route. C'était pendant une nuit sombre et pluvieuse; nous marchions dans un morne silence. Tout à coup j'entends retentir, à la façon d'une fusée qui s'élèverait dans les airs, un *allegro* favori d'Elleviou, chanté par une voix pure et brillante qui remplissait l'espace de ses accents mélodieux. Je me crus à l'Opéra. — Mon erreur dura peu, mais ce chant joyeux n'était pas pourtant une hallucination. Un peloton de hussards de la garde gravissait, près de nous, la rampe rapide qui conduit au château où logeait l'Empereur, et ce fut sans doute un jeune officier (ce ne pouvait être un vieux hussard) qui nous fit cette surprise. L'amer contraste que je sentis au réveil entre ma situation présente et l'Opéra me remua profondément, et je m'explique ainsi comment un fait aussi insignifiant est resté fortement empreint dans mon souvenir.

C'est peut-être le dégoût de ces angoissantes marches de nuit, autant que le découragement et la faim, qui jetait tant d'hommes hors des rangs. Il était difficile, en effet, de résister à l'envie de les quitter pour aller s'étendre *incognito* à l'abri de quelque arbre ou de quelque mur, afin d'y dormir en paix, et de prendre ensuite les allures d'une marche indépendante qui semblait pleine d'attraits. Il n'y avait pas lieu de craindre de s'égarer en quittant la colonne armée, et de manquer ainsi la route de France ; aux débris qui la jonchaient et aux fuyards qui la suivaient, il n'était que trop facile de la reconnaître de jour, et, la nuit, on l'eût retrouvée rien qu'à l'odeur nauséabonde qui s'en exhalait, et qui provenait surtout des chevaux éreintés ou de leurs cadavres semés le long du chemin : senteur âcre et toute spéciale, que je distinguerais, je crois, encore à présent, et qui, probablement, contribuait pour sa part à nous préparer au terrible typhus qui nous attendait sur le Rhin.

Mais, si l'on cédait une fois à la tentation de la débandade, le sort en était jeté, il n'y avait plus de retour; on se trouvait définitivement enrôlé parmi les fricoteurs. Or, une telle perspective effrayait ceux qui avaient encore le sentiment de l'honneur militaire : ils préféraient souffrir sous le drapeau. Au fond, ils avaient raison dans l'intérêt même de leur conservation personnelle, car c'était au milieu de la multitude vagabonde que les cosaques faisaient surtout des victimes. Nous marchions toujours entourés d'une épaisse nuée de ces sauvages cavaliers qui pénétraient partout, et grand nombre de nos traînards étaient chaque jour massacrés ou emmenés par eux ; en sorte que, ici comme ailleurs, la fidélité au devoir était encore le meilleur calcul.

Nous cheminâmes ainsi jusqu'à Hanau, toujours fidèlement escortés par les fricoteurs, les cosaques, la faim, la pluie, et la maladie qui nous envahissait toujours plus, car, quelle constitution pouvait résister à de si rudes atteintes? Ce qui nous donnait des forces et soutenait encore notre courage, c'est que nous approchions du Rhin et que nous étions à la veille de rentrer en France, en France où tous nos maux allaient cesser ; oh ! que cette heureuse perspective nous remplissait d'impatience et de joie !

Enfin, le 29 au soir, nous entrons dans une immense forêt où nous devons bivouaquer. Point de vivres, cela va sans dire, mais pas même de feu, quoique un froid déjà vif nous l'eût rendu bien nécessaire. Nous avions beau entasser des branches de sapin, après en avoir ôté avec soin la neige qui y adhérait, puis brûler de la poudre sous le tas pour l'exciter à s'enflammer, nous n'en pouvions faire sortir qu'un stérile pétillement, et quelques minces filets d'une fumée qui semblait aussi froide que le brouillard. Il fallut renoncer à avoir du feu, et se résigner à étendre sur la terre humide nos pauvres corps affaiblis et malades.

Mais ce qui fut plus cruel encore, car tout cela n'était pas nouveau pour nous, ce fut le renversement subit de toutes nos espérances de retour. Nous apprîmes là, pour comble de nos misères, qu'une armée de 60,000 hommes nous barrait le chemin de la France !

Depuis Leipzig, Napoléon avait toujours marché avec l'arrière-garde et soutenu la retraite, mais, en apprenant que la route de France était coupée, il s'était porté en avant, suivi de ce qui lui restait de sa vieille garde, et avait passé la nuit dans les mêmes bois que nous. Il s'agissait alors de déboucher de cette vaste forêt qui s'étend jusqu'à Hanau, et de passer sur le corps de ces nouveaux ennemis. C'était une nécessité absolue pour l'Empereur : il lui fallait forcer le passage ou rester pris avec toute son armée.

Or, il n'avait sous la main que seize à dix-sept mille soldats valides à opposer aux cinquante mille que commandait un certain général de Wrède, qui avait vécu à sa cour et à qui il avait donné des titres et des richesses. Il était profondément indigné contre tous ces Bavarois qui avaient servi sous lui pendant tant d'années, dont il avait agrandi le pays aux dépens de l'Autriche, qu'il avait comblés de biens, disait-il, et qui venaient à la dernière heure et sans danger pour eux (du moins à ce qu'ils croyaient), empêcher le demeurant de leurs anciens compagnons d'armes de rentrer dans leur patrie. Toute l'armée partageait ces sentiments, et la colère qui l'animait influa certainement sur le résultat de la journée.

Le 30 donc, au matin, la bataille dite de Hanau commença dans la forêt, fortement occupée par plusieurs corps ennemis. Ils en furent expulsés à la suite d'une vive fusillade et de nombreuses décharges d'artillerie, qui donnèrent à cette partie de la bataille le caractère pittoresque et tout spécial que revêt la guerre dans les bois, surtout quand une centaine de bouches à feu s'y font entendre. En débouchant dans la plaine, nous vîmes les 50,000 hommes que de Wrède avait rangés en avant de la Kinzig. [1] Quand il aperçut cette armée attendant l'ennemi avec une rivière à dos et n'ayant pour retraite qu'un pont à son extrême droite, Napoléon s'écria : Pauvre de Wrède, j'ai pu le faire comte, mais je n'ai pu le faire général.

Sans doute une telle disposition ne pouvait s'expliquer, même chez le plus médiocre des généraux, que par la conviction où il était qu'il n'aurait qu'à ramasser des fuyards. Grande fut sa stupéfaction et celle de ses soldats, quand ils virent se dérouler devant eux, en lignes fermes, les bonnets à poil de

[1] Petite rivière qui se jette dans le Mein à Hanau.

la vieille garde, les dragons, les grenadiers à cheval et la formidable artillerie de Drouot, 80 pièces de douze. Les Bavarois savaient ce qu'était la garde, et ils furent vivement émus à sa vue aussi bien que leur général. Cette impression, assez naturelle du reste, et l'exaspération des nôtres, jointe à la nécessité de s'ouvrir un passage, aident à faire comprendre comment les Bavarois furent battus par une armée trois fois moins nombreuse que la leur.

Après quelques moments d'une violente canonnade et quelques charges irrésistibles de la grosse cavalerie de la garde, le désordre se mit dans les rangs ennemis, et le général de Wrède, acculé sur la Kinzig, ne vit d'autre ressource que de ramener son armée sur sa droite, afin de lui faire repasser la rivière au pont de Lamboy. Pour favoriser ce mouvement et se procurer l'espace dont il avait besoin, il essaya une attaque sur notre gauche ; c'est là que se trouvaient les débris des 3e, 5e et 6e corps, que conduisait Marmont. Notre rôle avait été fort modeste durant la lutte, et, après avoir rempli l'office de tirailleurs au milieu des arbres, nous étions rangés sur la lisière de la forêt, plus en spectateurs qu'en acteurs.

Mais si je ne pris pas une part très-active à la bataille, j'en vis de bien près le dernier et saisissant épisode. Tout à côté de nous, s'étendait une prairie qui descendait en pente douce jusqu'à la rivière. Au haut de cette prairie, deux bataillons de grenadiers de la vieille garde, sous le général Friant, attendaient en frémissant d'impatience qu'on leur permît de se jeter sur les ennemis. Au commandement désiré : Grenadiers en avant ! ... leur ligne descend compacte, irréprochable, mais impétueuse et terrible, car ces hommes étaient exaspérés. Je les vois encore, tels que je vous les ai souvent dépeints : ils grinçaient des dents, ils sifflaient comme des serpents en agitant leurs dards meurtriers, je veux dire leurs redoutables baïonnettes. En un instant, tout ce qui était devant eux est culbuté, percé, précipité dans la Kinzig, où s'entassent sept à huit cents cadavres. Spectacle affreux pour un homme,... superbe pour un soldat !

Le comte de Wrède perdit dans cette journée dix mille des siens, tués, blessés ou prisonniers, et nous couchâmes sur le champ de bataille. Le lendemain soir, 31 octobre, nous bivouaquions autour de Francfort, et deux jours après, nous défilions sur le pont de bateaux de Mayence.

Quel spectacle, que ce défilé de la grande armée rentrant en France ! Cette armée qui, deux mois auparavant et après de brillantes victoires, couvrait l'Allemagne de plus de 500,000 soldats qui semblaient invincibles, cette magnifique armée, qu'était-elle devenue ? Il en restait cent mille hommes, dit-on. Les voilà.

Voyez d'abord s'écouler lentement cette multitude confuse de 60,000 individus sans armes, vivant et marchant comme des bandes de bohémiens, ou pis encore : sont-ce là des troupes ou des troupeaux ? — Mais voici les vrais représentants de la grande armée : ce sont ces 40,000 hommes environ, portant encore des fusils, s'efforçant de marcher en rangs et de ressembler à des soldats ; mais quelles figures ! Déguenillés, hâves, décharnés, se traînant à peine, ils ont tous l'air de sortir de l'hôpital ou plutôt de s'y rendre. Où sont ces régiments français à l'allure si fière, qui écrasaient de leurs dédains les populations vaincues, ces mêmes populations qui les regardent passer maintenant ?

Et pourtant, non-seulement ces 40,000 malades, mais ces 60,000 fricoteurs dégradés, et dont la plupart sont presque des enfants, il y a quinze jours qu'ils combattaient encore comme des héros. Quelle chute ! — Y a-t-il donc une expiation pour l'orgueil des vainqueurs qui ont abusé de la victoire ? Alors une autre se prépare encore pour la France impériale, c'est l'invasion, avec tous les maux qu'elle entraîne, qui vient à son tour peser sur le pays qui depuis si longtemps l'infligeait aux autres. Si la rétribution n'atteint pas toujours les individus ici-bas, elle ne manque jamais aux peuples.

Revenons à moi, chétif, qui ne déparais pas par ma tenue ce lugubre cortége. Avec mes habits déchirés, mon shako qui avait pris la forme d'un turban, affamé, malade, exténué, je mettais péniblement un pied devant l'autre pour atteindre cette bienheureuse rive gauche du Rhin, où tout devait changer. En effet, après avoir traversé Mayence et cheminé encore deux lieues au delà, je trouvai enfin le soir, comme je l'ai dit ailleurs: — « chez « un pauvre cordonnier de village, cette soupe à « la bière et ce poêle chauffé à rouge, qui me pa- « rurent réaliser tout ce qu'on raconte des délices « de l'Orient. »

CHAPITRE III

Misères d'un isolé le long du Rhin

Malgré ce régime oriental, et peut-être un peu à cause de ce régime, médiocrement hygiénique, il faut le croire, pour un malade, je ne pus quitter mon grabat le lendemain, ni les jours suivants. J'en fus d'autant plus désolé que le maréchal Marmont vint dans l'intervalle nous passer en revue, et que j'avais lieu d'espérer, d'après les promesses de mon colonel, que ce serait pour moi l'occasion de monter en grade et peut-être d'obtenir enfin cette croix si vainement poursuivie ; mais je croyais, non sans raison, qu'on n'accorderait quelque chose qu'à ceux qui se trouveraient présents dans les rangs, et c'est pourquoi je voulais absolument m'y traîner.

Pour me retenir et me consoler, mon colonel me promit qu'il parlerait pour moi au maréchal, en lui annonçant que j'étais dans une maison voisine, ce qui était vrai. La revue finie, il m'affirma que j'avais été proposé pour le grade de capitaine et pour la croix, et que le maréchal avait pris note de mon nom en même temps que de celui de plusieurs de mes camarades présents. Un mois plus tard, à mon retour au régiment, j'appris que presque toutes les nominations promises étaient arrivées, mais la mienne ne s'y trouvait pas.

Pourquoi ? Le colonel m'avait-il trompé ? La droiture connue de son caractère, qui ne se démentait jamais, même dans les petites choses, m'empêcha de le croire ; il me parut plus probable qu'on m'avait appliqué le principe : *les absents ont tort*, principe assez logique du reste dans une armée appelée à combattre, et dont on ne s'écartait que bien rarement.

Je compris encore mieux par la suite que ma nomination, tout au moins ajournée par le maréchal, avait dû naturellement s'évanouir avec l'Empire qui prit fin quatre mois après. Et ce qui me confirma dans ma confiance en la sincérité du colonel, c'est que, l'année suivante et à la réorganisation du régiment à Condé, il faisait parfois allusion à la perte de mon grade causée par la rapidité des événements politiques ; et, plus tard encore, c'est-à-dire au retour de Napoléon de l'île d'Elbe, il me dit positivement que ma nomination reviendrait sur l'eau, ce que croyaient aussi mes camarades.

Une circonstance sembla même alors me rapprocher singulièrement du but, et, puisque j'en suis sur ce sujet, autant vous dire de suite, pour en finir, ce qui n'arriva que dix-huit mois après. A cette époque, j'avais pour capitaine un légitimiste renforcé, qui nous avait été envoyé de Paris, et qui, pour cette cause et pour ses opinions, rencontrait fort peu de sympathie au régiment. S'étant avisé de disparaître subitement six semaines avant Waterloo, le colonel ne le remplaça pas et me laissa provisoirement le commandement de la compagnie; mes soldats me donnaient même assez volontiers le titre de capitaine.

Si je mentionne ici des faits si parfaitement indifférents à l'heure qu'il est, c'est à cause de l'usage qui avait prévalu à Genève de me donner le même titre : appellation sans conséquence, sans doute, et qui n'avait d'autre but que d'accuser plus plaisamment le contraste entre mes deux vocations successives. Mais, quoique j'aie pris soin plus d'une fois, vous le savez, de rétablir la vérité sur ce point, il ne me déplaît pas, je l'avoue, de montrer que ce titre de capitaine, bien qu'extra-légal, n'était pourtant pas à la rigueur sans quelque fondement historique. D'autant plus que l'inexactitude de cette appellation me fit passer, dans la suite, un moment pénible, et cela, dans une occasion où la croix d'honneur semblait être mise à ma disposition.

C'était, autant qu'il m'en souvient, vers 1836 ou 1837, dans un grand dîner offert par le premier magistrat de notre République à un illustre personnage, très-influent sous le règne de Louis-Philippe. Après m'avoir fait raconter quelques circonstances de mes campagnes, M. le syndic R*** me dit : Si vous désiriez encore avoir la croix, voici M. le duc qui se chargerait volontiers, je crois, de vous la faire obtenir. Ces paroles prononcées devant tout le monde, annonçaient évidemment une entente préalable; on ne se serait pas permis de mettre en scène un tel hôte sans sa permission, et je restai convaincu que l'offre était sérieuse. Je répondis que j'étais très-reconnaissant, mais que je pensais qu'une décoration militaire n'irait pas à mon habit actuel, et c'était bien réellement le fond de ma pensée.

Mais, en même temps, il me passa subitement dans l'esprit que, si l'on faisait les recherches voulues dans les bureaux de la guerre, on y verrait que je n'étais pas capitaine, et qu'ainsi j'aurais l'air d'avoir usurpé un titre. Cette idée me troubla et donna peut-être à mon refus une apparence de confusion, qui pût produire une impression fâcheuse à mon sujet, non pas chez ceux qui me connaissaient, mais chez celui dont je déclinais ainsi la haute et bienveillante intervention. C'est, du moins, ce que je me figurai plus tard ; et maintenant encore, quoique convaincu que M. le duc a profondément oublié et l'homme et l'impression (s'il l'a jamais eue), j'éprouve parfois comme un secret dépit contre moi-même de ne l'avoir pas dissipée depuis lors.

Quant à ma promotion de 1813, je ne sais si je dois regretter qu'elle n'ait pas eu lieu, car elle aurait peut-être entraîné pour moi les mêmes conséquences que pour quelques camarades promus à cette époque, c'est-à-dire que, par insuffisance d'ancienneté de grade, je n'aurais pas été conservé dans les cadres du 154me, devenu 42me à Condé. J'aurais ainsi plus promptement quitté le service, il est vrai, mais je n'aurais pas assisté à Waterloo, et peut-être ce retard d'une année se trouve-t-il suffisamment compensé par un tel épisode dans ma vie militaire.

Je reviens à la situation de l'armée française après le passage du Rhin. Les débris de cette armée, dans un indicible délabrement, continuaient à s'étendre le long du fleuve au-dessus et au-dessous de Mayence. Tous les corps organisés étaient réduits à un nombre d'hommes vraiment insignifiant, et la masse des fuyards refusait de s'y rallier. C'est en vain que la cavalerie de la garde et les gendarmes battaient continuellement la campagne pour recueillir les débandés et les ramener à leurs corps, ils n'y réussissaient guère ; à peine cessait-on d'avoir l'œil sur eux, qu'ils désertaient à l'intérieur. On en venait à croire qu'il serait plus facile de refaire des soldats avec des conscrits qu'avec ces hommes démoralisés, et l'on se hâtait d'appeler tout ce qu'on pouvait obtenir des dépôts et des nouvelles levées que venait de décréter l'Empereur. Mais il devenait toujours plus difficile de les faire arriver dans les cadres ou même de les y conserver, car la proportion des réfractaires et des déserteurs croissait avec la facilité d'échapper aux recherches et à l'action de l'autorité.

Le petit nombre des combattants et le découragement de la plupart, n'étaient pas les seules misères de notre malheureuse armée ; un mal plus redoutable encore, c'était le typhus qui la décimait et qu'elle propageait partout. Cette affreuse maladie se manifestait d'ordinaire sous les formes les plus effrayantes : l'anéantissement presque total des facultés physiques et morales, les émanations et les déjections pestilentielles qui semblaient annoncer des corps en décomposition, et parfois la gangrène qui attaquait et putréfiait les extrémités de malades encore vivants. Spectacle hideux qui remplissait à la fois de pitié et de terreur, car la contagion n'épargnait personne, pas plus les habitants que les soldats. Aussi l'épouvante était générale. Les charretées d'hommes atteints par le fléau, qu'on avait essayé d'envoyer dans les départements voisins, afin de diminuer le foyer d'infection, y avaient répandu un tel effroi, qu'on s'était résigné à laisser les malades s'entasser sur les bords du Rhin.

On peut penser que dans de telles circonstances l'effectif des troupes ne tendait pas beaucoup à s'accroître, malgré tout ce qu'on faisait pour les recruter. Des maréchaux étaient réduits à commander un nombre de soldats, dont ne se seraient pas contentés des généraux de brigade du temps de la grande armée. Macdonald (sous les ordres duquel nous passâmes de nouveau, en quittant les environs de Mayence) avait 8,000 hommes pour défendre la ligne du Rhin de Coblenz à Wesel. Victor en avait 5,000 pour une mission analogue du côté de Strasbourg, et les autres n'étaient guère mieux pourvus. Que pouvaient-ils faire contre les 220,000 coalisés qui s'apprêtaient à passer le fleuve depuis Bâle à Dusseldorf?

Mais en voilà assez sur la situation militaire à la fin de 1813. Comme je n'écris pas l'histoire de cette époque, mais tout simplement la mienne, le tableau qui précède suffit à mon but. Je n'aurai plus maintenant à vous raconter que mes misères individuelles; mais ce récit peut avoir encore quelque intérêt, comme une fidèle image de ce qu'ont eu à souffrir tant de milliers de mes camarades, dont la destinée fut pire que la mienne, puisqu'ils ont succombé et que j'ai été préservé. A qui le dois-je?

Ce n'est pas, certes, à mon habileté ou à mes efforts, car jamais, jamais je n'ai été si complétement passif dans le combat de la vie. A Dieu ne plaise que je méconnaisse la Main qui m'a merveilleusement tiré de périls si grands et si nombreux qu'il semblait impossible d'y échapper, et qui m'a gardé ainsi pour un service meilleur que celui dans lequel j'étais alors engagé.

Etait-ce déjà le typhus qui m'avait saisi dès le commencement de novembre? Je ne le pense pas; ce n'en était probablement que les premiers symptômes et la préparation. Mais c'était du moins la dyssenterie, et une dyssenterie bien caractérisée, qui, sans m'ôter toute connaissance, comme fit plus tard le typhus, avait assez diminué mes forces pour m'empêcher de quitter mon logement.

Peu de jours après la revue (c'était, je suppose, le 8 ou le 9 novembre), notre régiment reçut l'ordre de partir : il devait aller tenir garnison dans quelqu'une des villes situées plus bas sur le Rhin. L'annonce de son départ me causa une telle désolation que je voulus à tout prix le suivre, et au fond j'avais raison. Le régiment, c'était ma famille; le quitter, c'était tomber dans l'isolement, et dans toutes les misères qui attendent en campagne un militaire malade et séparé de son corps. Or, ces misères allaient encore s'aggraver singulièrement dans les circonstances exceptionnelles où nous nous trouvions, ainsi que j'en fis plus tard l'expérience.

Je fus donc, à mon ardente prière, placé sur un de ces chars de paysan qu'on requérait pour transporter les bagages pendant la journée, et le soir, je couchai chez un hôte quelconque. Le lendemain, à mon réveil, paysan et char avaient disparu ; le régiment était parti, je restais seul et à la charge des pauvres gens qui avaient dû me recevoir la veille. Je ne pus me résigner à cette situation, et, malgré l'impossibilité évidente de rattraper la troupe en marche, malgré même, je dois le dire, quelques remontrances de mes hôtes (et j'ai toujours cru qu'ils avaient été chargés de les faire), je me traînai sur la route ; je m'y traînai à la lettre, car je trouve dans ma relation de Neuss, écrite un mois après, que j'employai plusieurs heures à faire une lieue. Enfin, à bout de forces, je m'étendis sur le bord d'un fossé pour y mourir. Je n'étais pas seul réduit à cette extrémité : bien des soldats étaient couchés comme moi, et ils ne se relevèrent pas tous.

Si l'on s'étonne que de telles souffrances ne fussent pas secourues par les habitants, c'est que l'on ne se figure pas assez l'effet produit sur les populations, par une armée qui s'avance dans le pays en traînant avec soi l'épidémie, et en semant ses malades sur la route. Le nombre croissant des victimes, l'impossibilité de les secourir toutes, découragent d'abord les efforts individuels; puis vient la peur, la terrible peur de la contagion, qui paralyse les bons instincts et finit par rendre insensible aux maux d'autrui, pour ne songer qu'aux siens. N'est-ce pas ce qui se voit dans les grandes calamités?

J'aurais sans doute rencontré là ma fin, si un meunier qui passait n'eût pris pitié de moi. Il arrêta ses chevaux, me souleva et m'étendit dans son char. Pourquoi me choisit-il? Pourquoi ce mouvement de compassion s'éveilla-t-il en lui précisément devant moi, après être resté inerte devant tant d'autres? Etait-ce ma jeunesse qui l'avait touché? Nous étions tous jeunes. Etait-ce quelque supplication que je lui eusse adressée? Je n'en avais pas la force, car j'étais presque sans connaissance. Etait-ce un bout d'épaulette ternie et boueuse qui avait fixé son attention, et remué son âme? En vérité, je ne saurais le croire; et, ne trouvant ici-bas aucune explication suffisante de ce mouvement du cœur qui me sauva la vie, il faut bien que je la cherche ailleurs.

Comme le char était vide et que ma tête reposait sur les planches, les cahots me rendirent bientôt le sentiment aussi bien qu'eût pu le faire le meilleur cordial, et j'arrivai ainsi à un bourg voisin, où mon meunier me déposa sur l'escalier de la Maison de ville. — Je n'ai jamais pu revoir depuis lors l'antique *Stadthaus* de Berne et son escalier, sans me souvenir de celui sur lequel je fus assis ce soir-là, tant les édifices se ressemblent : un large perron devant le premier étage, abrité par un toit plus large encore, et communiquant avec la rue par deux rampes latérales.

Du reste, je rencontrai là nombreuse compagnie ; toutes les marches étaient occupées par des blessés ou des malades, attendant avec anxiété s'ils obtiendraient un asile pour la nuit, en d'autres termes, un billet de logement. C'était la question qu'agitait, avec non moins d'anxiété, la municipalité de l'endroit, chargée, comme toutes les autres sur cette route, de concilier les répugnances des habitants et l'insuffisance de leurs demeures, avec les besoins des malheureux soldats qui ne cessaient de leur arriver. Problème douloureux et chaque jour renaissant, que tous leurs efforts ne parvenaient guère à résoudre à la satisfaction de tout le monde ; les malades se plaignaient ou gémissaient sur l'escalier, tandis que les maisons étaient déjà encombrées.

Quoique un des derniers venus dans cette foule angoissée, je me réclamai de ma qualité d'officier auprès d'un fonctionnaire qui passait près de moi, et j'obtins ainsi un tour de faveur. Hélas ! où trouver l'égalité sur cette terre ? Pas même au cimetière, quoi qu'on en dise, du moins à sa surface ; comment l'espérer devant une municipalité ?

Le jour suivant, on nous étendit sur la paille,

un jeune chirurgien et moi, dans un char de paysan qui dut nous transporter jusqu'à Coblenz. Là, notre qualité d'officier étant de nouveau constatée, le commissaire des guerres nous délivra un billet de logement pour une maison bourgeoise, mais en nous avertissant qu'il n'était valable que pour une nuit.

Notre arrivée ne fut point un sujet de joie pour nos hôtes; nous ne vîmes pas même le maître de la maison, et l'on se hâta de nous faire monter dans une petite chambre complétement nue, sauf deux méchants grabats. C'était le logement réservé aux trop nombreux visitants de notre espèce que l'administration imposait aux habitants, et où quelques-uns au moins de nos prédécesseurs avaient dû se trouver atteints du fléau, à en juger par les déplorables traces qu'ils avaient laissées.

Dès le lendemain matin, il fallut songer à déloger pour continuer sa route, ou se procurer un refuge moins précaire. Mon compagnon, un peu plus ingambe que moi, et qui appartenait à la classe relativement peu nombreuse des chirurgiens militaires, sortit sans inquiétude; il était assuré de trouver auprès de ses collègues tous les secours dont ils étaient les dispensateurs naturels. Pour moi, plus faible et plus malade, je ne savais où me rendre, et je me serais volontiers résigné à prolonger mon séjour dans cette chambre, toute répugnante qu'elle fût. J'en fis faire la demande au bourgeois, qui s'y refusa nettement. J'insistai au moins pour lui parler, et c'est à grand'peine qu'il consentit à me recevoir quelques instants dans un assez vaste parloir.

Mon hôte était un petit homme sec, qui s'exprimait facilement en français, mais qui n'était nullement de nos amis, comme je ne tardai pas à le reconnaître, car il se dégonfla avec moi. Il me parla longuement et fort rudement de la conscription, des impôts, et de tous les maux que nous avions infligés, disait-il, à son pays. Dans la salle où nous étions se trouvait une gravure que j'ai revue ailleurs, et qui représentait un homme en haillons entouré d'assignats de mille francs; il me la désigna du bras en finissant son discours, et me dit avec colère: Voilà l'état où vous nous avez réduits !

Si l'on veut bien se rappeler que j'étais alors très-jeune et très-malade, on me pardonnera de n'avoir pas su repousser plus vigoureusement des récriminations si intempestives. Je répondis seulement, d'une voix affaiblie, que je ne pouvais être responsable des maux dont il se plaignait, que d'ailleurs j'étais de Genève,.... et quand ce nom sortit de mes lèvres, je fondis en larmes.

Depuis un moment, j'entendais comme un bruit confus dans une chambre voisine. Tout à coup la porte s'ouvre, une fillette de sept à huit ans en sort avec impétuosité, se jette à genoux devant mon hôte, et élevant vers lui son visage baigné de pleurs et ses petites mains jointes, elle s'écrie : Oh ! papa, papa.... prenez pitié.... donnez-lui des souliers.... C'est tout ce que je pus comprendre de son innocente harangue, car elle parlait en allemand. Derrière elle, et groupées sur le seuil de la porte qu'elles n'osaient franchir, une demi-douzaine de jeunes filles un peu plus âgées sanglotaient dans leurs mouchoirs. (Je sus ensuite qu'il y avait réunion d'amies ce jour-là dans la maison). Le père fut vaincu ; il releva son enfant, l'embrassa avec tendresse, et dès lors il fut changé pour moi.

Il me fit apporter des bas et des souliers, dont j'avais en effet le plus urgent besoin, comme l'avait si bien vu ma petite protectrice. Puis, il m'emmena dans son cabinet, me réconforta doucement, tout en me faisant comprendre (ce que je comprenais de reste), que sa responsabilité de père de famille ne lui permettait pas de me garder chez lui. Il ajouta avec raison que je n'avais d'autre parti à prendre, dans ma situation isolée, que d'entrer à l'hôpital, où je ne pouvais être refusé ; et quand il me vit reposé et remis, il me donna sa domestique pour me conduire directement chez le commissaire des guerres.

Il était midi passé, lorsque j'arrivai au fond d'une cour où se trouvait le bureau du commissaire. Mais ce bureau était fermé et ne devait se rouvrir qu'à deux heures ; il fallut attendre. La domestique était repartie après avoir rempli sa mission, et je restai seul sur le pavé. Je me réfugiai dans l'allée, pour me mettre à l'abri de la pluie qui tombait à verse, et je m'y couchai. Mais la fièvre me brûlait, et je retournai dans la cour boire à une seille qu'on avait placée là pour recevoir l'eau du toit; puis, je rentrai dans l'allée pour y pleurer à mon aise.

A deux heures, le commissaire revint et me donna mon billet d'entrée à l'hôpital militaire; mais, quand il sut que j'étais officier, il m'exprima son regret de m'envoyer dans un lieu où il y avait si peu de chances de guérison. J'ai chagrin, me dit-il, de ne pouvoir vous faire entrer à l'hospice civil où vous seriez beaucoup mieux traité, mais cela ne dépend pas de moi: ce n'est que sur la demande des chefs de corps qu'on y est admis, et vous êtes isolé. Il chargea un planton de me conduire à ma triste destination, qui devait être dans sa pensée ma dernière demeure, et qui très-probablement l'aurait été en effet, si j'y étais arrivé.

Mon guide me fit traverser une assez grande place, où quelques compagnies se trouvaient à l'exercice. Par une sorte de honte, je me serrais plus près des maisons pour éviter d'être vu par les soldats dans mon costume sordide et délabré. Comme je passais ainsi devant une porte cochère, un officier qui en sortait brusquement me heurta sans le vouloir; il s'arrêta sur le coup, et m'ayant considéré : Eh ! pauvre ami, s'écria-t-il, d'où sors-tu, et dans quel état es-tu ?...

C'était un élève de Saint-Cyr, le seul restant avec moi des quinze camarades entrés ensemble au régiment,... et le régiment qui exerçait sur la place, c'était le mien,... et la maison d'où il sortait, c'était celle du colonel !.... Qu'on se représente, si possible, mon émotion et ma joie. J'avais retrouvé ma famille, j'étais sauvé. — Ainsi, un pas de plus ou un pas de moins, la rencontre n'avait pas lieu, et j'entrais dans cet affreux refuge où l'on périssait misérablement. Appellerai-je cette rencontre *fortuite?* Est-ce *le hasard* que je dois bénir ?

N'étant plus isolé, ma position devint tout autre. Placé immédiatement dans une grande et belle chambre au haut de la maison même où logeait le colonel, j'y reçus tous les soins possibles, étant visité par notre chirurgien-major, ainsi que par mes camarades, qui m'apportaient à qui mieux mieux de bonnes paroles et quelques petites douceurs de malade. Malheureusement, je ne demeurai là que deux jours, parce que le régiment dut partir pour Cologne ; mais le colonel avait fait dans l'intervalle les démarches nécessaires, et m'avait procuré mon admission à l'hospice civil.

On m'y accompagna la veille du départ, et on me fit voir en passant cet hôpital militaire auquel j'avais si miraculeusement échappé. C'était un ancien couvent ; il regorgeait tellement de malades que les derniers arrivés restaient en foule étendus sous les arcades de la cour intérieure, en attendant qu'il se fît des vides dans les salles et les corridors supérieurs. En fait d'administration de santé et de secours médicaux, je ne vis là que quelques soldats en capote, infirmiers improvisés, qui passaient de temps en temps avec des seaux d'eau, en enjambant les rangs pressés des malades, et criant: Qui veut boire? — Moi, moi, répondaient toujours quelques voix défaillantes. — La tournée faite, on recommençait. Le soir, on venait retirer les morts du jour, et il y en avait toujours assez pour faire place aux nouveaux venus. Ces derniers détails me furent donnés par mes camarades.

Aurait-on pu faire mieux? Peut-être. Mais, avant de condamner, qu'on se représente la masse de militaires de toute arme et de tout grade, cavaliers, fantassins, malades, bien portants, débandés ou en corps, débris incessants d'une armée en décomposition, qu'il fallait chaque jour loger, nourrir, soigner, parfois vêtir et armer, et l'on comprendra que les diverses administrations, trop souvent manquant de ressources (quand elles n'étaient pas complétement désorganisées), restassent impuissantes devant tant de besoins divers et au milieu de l'inextricable confusion qui en résultait. C'est grâce à cette confusion, par exemple, qu'un commissaire des guerres avait pu m'exprimer ses regrets de mon isolement, sans se douter que les restes du 154me régiment étaient depuis deux jours dans la ville, mêlés à beaucoup d'autres, il est vrai.

Je fus donc installé dans l'hospice civil. Je n'ai pas besoin d'avertir qu'il ne faut pas se figurer ici ce que ce nom représente d'ordinaire, l'ordre, la propreté, l'abondance des secours ; non, c'était alors impossible. D'ailleurs, cet hospice civil n'était rempli que de militaires, tous officiers sans doute et plusieurs d'un grade élevé : ce qui n'empêchait pas que l'établissement et ses malades ne participassent dans une large mesure aux misères du moment. Mais il s'y trouvait un service médical, et on y recevait les soins tels quels que les circonstances permettaient de donner ; c'était déjà un immense avantage.

On m'introduisit dans une chambre assez petite, où se trouvaient six lits, c'est-à-dire six caisses en sapin remplies de paille, dont l'une m'était destinée. Les cinq autres étaient occupées par des officiers appartenant à différents corps, comme on le voyait à leurs uniformes, car, faute de draps sans doute, les malades devaient coucher habillés. L'un d'eux me frappa par sa figure respectable ; c'était un homme d'un certain âge, médecin de premier rang ou chirurgien-major, tout au moins à en juger par ses broderies, et distingué sans doute par ses services puisqu'il portait de nombreuses décorations. Le fléau l'avait gravement atteint, et la maladie était fort avancée ; il était déjà à moitié dans le délire.

Il devint l'occasion d'une scène touchante, le lendemain de mon arrivée. Nous vîmes entrer dans notre chambre une dame, jeune encore, belle et de grande apparence, guidée et soutenue par deux chirurgiens, qui la conduisirent devant le lit de son mari. A la vue de cet être presque méconnaissable, les cheveux hérissés, les yeux hors de la tête et souillé d'ordures, elle s'évanouit. On lui fit respirer des sels, on lui prodigua tous les secours usités en pareils cas, et ce n'est pas sans peine qu'on la fit revenir. Pendant ce temps, le pauvre malade ne cessait de crier en pleurant : C'est toi, ma bonne amie ! C'est donc toi !... Evidemment, cette dame était accourue pour chercher son mari et l'emmener chez lui (au château de Sirey, si j'ai bien entendu). La dame partie avec son cher malade, nous restâmes seuls, et, chose bizarre, il nous sembla, du moins à moi, que nous étions plus abandonnés qu'auparavant. Tant la seule image des affections de famille, nous fussent-elles étrangères, réchauffe et remplit le cœur dans un hôpital !

Combien d'heures ou combien de jours restâmes-nous ensuite, nous regardant les uns les autres avec les yeux ternes et hagards des victimes du typhus ? En vérité, je ne saurais le dire ; dès ce moment, ma mémoire se brouille et la marche du temps s'en efface. Je me rappelle seulement la figure de mon plus proche voisin : il avait les cheveux rouges, c'est mon dernier souvenir.

Ce n'était donc plus la fièvre ou la dyssenterie, c'était bien le typhus qui m'avait saisi, le vrai typhus, développé, si ce n'est créé, dans l'atmosphère viciée que nous respirions. Je passai ainsi plusieurs jours dans le délire, ou du moins sans avoir la conscience nette de moi-même, et, quand j'eus repris toute ma connaissance, je me retrouvai dans la même chambre empestée, avec ses six lits toujours occupés, mais je n'y vis plus les mêmes visages. J'appris alors que plusieurs malades avaient successivement pris place dans ces lits, puis les avaient quittés, mais bien peu parce qu'ils étaient guéris.

On me garda comme convalescent pendant une semaine environ, peut-être plus; mais, ce que je puis établir avec certitude, c'est la durée totale de mon séjour dans cet hôpital, car je possède encore mon billet de sortie, signé par le chirurgien de garde, et qui me porte entré le 17 novembre et sorti le 7 décembre. Au dos, se trouve l'attestation du commissaire des guerres, déclarant que le lieutenant *** part ce jour de Coblenz pour rejoindre son corps à Cologne, et qu'il a reçu dix francs pour sa solde de route jusqu'à cette destination.

Me voilà donc hors de l'hôpital et en route. Quelle fée puissante que la guérison pour transformer et colorer toutes choses ! J'étais faible encore, je marchais dans la neige, j'étais misérablement couvert, et pourtant je me sentais renaître à chaque pas ; il me semblait respirer un souffle printanier qui ravivait mon être tout entier, esprit, corps et âme. J'avais pour tout trésor dix francs dans ma poche, devant suffire à mes quatre étapes jusqu'à Cologne; plus, il est vrai, un logement au petit bonheur chaque soir, et place au feu et à la chandelle, et dans ces conditions, mon voyage était comme une fête.

Je cheminai ainsi à très-petites journées, couchant successivement, d'après ma feuille de route, à Andernach, à Remagen, à Bonn et à Cologne. Là, j'appris que le régiment tenait garnison à Neuss (huit lieues plus loin), dans mon ancienne ville de bal, où j'arrivai enfin le 12 décembre.

Ce fut avec une bien grande joie que je rejoignis mes camarades, et que je trouvai le régiment réorganisé et très-notablement augmenté, car il comptait alors quatre ou cinq cents hommes sous les armes. Quelques-uns de nos anciens soldats avaient pu rejoindre, mais en très-petit nombre, tous les autres étant restés au delà de l'Elster, prisonniers, blessés ou gisants dans les plaines de Leipzig. L'augmentation provenait donc, pour la plus grande partie, des conscrits et des soldats isolés qu'on avait envoyés dans nos rangs : ce qui ne formait pas d'abord une adjonction bien respectable. Mais notre colonel ne laissait pas cet amalgame s'amollir ou se corrompre dans l'oisiveté; il le secouait rudement chaque jour par plusieurs heures d'exercice et de manœuvres de toute espèce, afin d'établir entre ces éléments hétérogènes de la cohésion, une bonne discipline et le sentiment de l'honneur du numéro, — et il y réussissait.

Je touchai à Neuss un mois de solde, qui vint fort à point pour restaurer un peu ma pauvre garde-robe. Je m'achetai aussitôt un shako avec plaque dorée au numéro du régiment, une paire de pantalons et une redingote militaire, pas absolument neuve, il est vrai, mais encore très-présentable et qui rehaussait mon vieil uniforme, tout en le couvrant. J'aurais bien voulu qu'il me restât quelque chose pour restaurer aussi mon estomac, en particulier pour remplacer par un peu de vin la froide bière du pays, mais le vin était horriblement cher, il n'y fallait pas songer. Dans notre état, me disais-je, le soin de l'extérieur doit passer avant celui de l'intérieur.

J'avais pourtant adressé immédiatement à Genève la lettre classique du soldat :

Ma chère maman,
Envoyez-moi de l'argent.

Mais les circonstances devinrent telles, que la réponse ne me parvint que six mois après, à Condé.

Quoique logés en ville, nous avions repris les allures d'une troupe en campagne. Bien avant le jour, à l'appel de la diane, nous nous mettions en ligne pendant deux heures, la face au Rhin ; nos avant-postes, disposés le long du fleuve, surveillaient avec soin les mouvements de l'ennemi qui se trouvait en force à Dusseldorf. Ce n'est pas que nous eussions la prétention d'empêcher le passage, mais il s'agissait de ne pas se laisser surprendre et de se retirer à temps.

C'est ce que nous dûmes faire le soir du 31 décembre. Partis à la hâte, nous marchâmes durant toute la nuit, la nuit la plus froide du siècle, dit-on, et nous nous en aperçûmes, car il y eut des nez gelés parmi nous. Mais le mien en réchappa et j'entrai complet, et sain et sauf, dans l'année 1814.

IV

CAMPAGNE

DE

MIL HUIT CENT QUATORZE

CAMPAGNE

DE

MIL HUIT CENT QUATORZE

De Juliers à Condé

Je puis vous annoncer dès l'abord, et avec certitude, que le récit qui commence sera infiniment plus court que ceux que vous venez de lire. J'ai plusieurs bonnes raisons pour qu'il en soit ainsi, sans compter celles que vous pourriez y ajouter. Et la première, c'est que la double campagne de 1813 a duré neuf mois, tandis que celle-ci n'en a duré que trois : déjà donc, sous ce rapport, elle n'a droit qu'à un tiers de place. Ma seconde raison, c'est que je n'ai point pris part à la campagne de 1814, et n'en ai rien vu. Bien des gens trouveront cette raison futile, mais vous savez que j'écris d'après d'autres principes.

Et pourquoi n'ai-je pas fait la campagne de 1814? Tout simplement par la faute de Napoléon : par cette même faute qui, un an auparavant, lui avait fait immobiliser dans les places de la Vistule, de l'Oder et de l'Elbe, plus de cent mille soldats excellents qui auraient probablement changé la face des affaires à Leipzig. Il fit absolument de même en 1814, et par suite du même calcul, c'est-à-dire dans l'espoir qu'après avoir battu les alliés, il aurait des troupes sur leurs derrières pour leur couper la retraite et les anéantir. (Toujours des coups d'épée gigantesques pour refaire soudainement toute sa fortune). Il enferma donc, dans les places fortes du Rhin et du nord de son empire, quarante ou cinquante mille soldats exercés qui lui manquèrent singulièrement en Champagne. Il les regretta si bien qu'il voulut plus tard les aller chercher et abandonna même pour cela la défense de Paris, mais, pendant qu'il exécutait son mouvement excentrique, sa capitale fut prise et son trône brisé. — Mais assez là-dessus, je parle de ce que je ne comprends pas. *Ne sutor ultrà crepidam.*

En quittant Neuss, nous fîmes d'une seule traite les sept ou huit lieues qui nous séparaient de Juliers, petite ville fortifiée sur la Roër, et nous apprîmes là que, par ordre du maréchal Macdonald, le 154e devait fournir son contingent à la garnison de la place. En conséquence, le colonel détacha du régiment quatre-vingts hommes environ, qu'il désigna pour ce service, et dont il confia le commandement à trois officiers, au nombre desquels je fus placé. La composition de notre détachement était assez originale : il s'y trouvait en proportions à peu près égales des grenadiers, des voltigeurs et des hommes du centre, des soldats éprouvés et des conscrits. Au total, il pouvait pourtant nous faire honneur, et sa composition un peu étrange ne jurait nullement avec celle de la garnison, qui représentait un véritable habit d'Arlequin. On y voyait des échantillons de tout genre, des hussards et des dragons, des artilleurs de siége et des artilleurs à cheval, des fragments de toute arme et de tout régiment, et jusqu'à des *Suisses rouges*. [1]

En général, il faut le dire, nous étions peu satisfaits de notre nouvelle destination. Le soldat n'aime guère à être enfermé dans une forteresse où il craint d'être oublié ; il préfère le grand air, le mouvement des armées et les espérances dont on s'y berce ; préférence tout instinctive et assez peu justifiée, au moins en ce qui regarde le bien-être matériel, car, sauf les cas exceptionnels, une garnison assiégée souffre beaucoup moins de privations et de fatigues que les troupes en campagne.

[1] On appelait ainsi, d'après la couleur de leur uniforme, les régiments capitulés que la Suisse devait fournir à Napoléon.

Personnellement, j'aurais dû me réjouir de cette occasion de compléter mon éducation militaire. J'avais vu toutes les péripéties de la guerre en rase campagne, il me restait à voir celles d'un siége ; que pouvais-je désirer de mieux? Le siége eut lieu, il est vrai, mais malheureusement, ou plutôt heureusement (la vérité avant tout), ce ne fut qu'un siége pour rire.

Les troupes assiégeantes, en effet, n'étaient pas ces vieilles troupes alliées, en ce moment fort occupées en France ; c'étaient seulement, d'après ce qu'on disait à Juliers, les contingents de quelques petits princes allemands du voisinage, tout étonnés et tout joyeux, ajoutait-on, de jouer à la guerre et de commander à des canons. Ces généraux de fraîche date firent une dépense effroyable de boulets et d'obus, et, comme nous ne manquions pas non plus de munitions, nous leur rendions exactement la monnaie de leurs pièces. C'était parfois un tapage infernal, surtout la nuit, et à nous entendre, on aurait dit que nous entassions des montagnes de morts ; or, je ne pense pas qu'il y ait eu plus d'une cinquantaine d'hommes atteints des deux parts pendant le siége. C'était déjà trop, infiniment trop sans doute, surtout pour le résultat à obtenir, car l'ennemi ne paraissait pas même avoir l'idée de s'emparer de la place : il ne tenta pas une approche, il ne fit pas la menace du moindre assaut. Mais quoi ! il faut croire que ces petits princes aimaient le bruit ; ils s'amusaient à tirer des pétards comme les enfants, sans penser qu'ils pouvaient faire du mal à quelqu'un.

Ce n'est pas que ces trois mois de siége se soient passés sans donner lieu à quelques faits intéressants et à quelques impressions assez vives, mais vous les connaissez. Vous avez déjà lu tout cela dans le récit que je publiai, il y a bientôt trente ans, d'un voyage à la recherche de mes traces de soldat sur la rive gauche du Rhin et en Belgique.[1] Il serait donc tout au moins inutile d'y revenir, et c'est ma troisième bonne raison pour abréger beaucoup cette partie de mes souvenirs. Je vous dirai seulement ce qu'il y eut de caractéristique dans notre sortie de Juliers.

Les trois officiers du détachement se trouvaient logés ensemble dans la même maison. C'était une auberge, la meilleure de la ville, et que tenait une veuve encore jeune et accorte, dont notre capitaine avait su gagner l'affection : circonstance dont son lieutenant et son sous-lieutenant ne se trouvèrent point mal. Nous remettions fidèlement chaque jour les maigres rations qui nous étaient allouées par l'administration, et chaque jour aussi, ces rations se trouvaient transformées, je ne sais comment, en repas excellents qui n'annonçaient point la disette. Ce siége contribua beaucoup à me refaire, j'en sortis gras et bien portant.

[1] *Voyage d'un ex-officier*, Genève 1838. — Paris 1850.

Lorsque le traité de Paris, du 11 avril, nous fut officiellement signifié et que nous reçûmes l'ordre régulier de livrer la ville aux assiégeants, le commandant de place fit la revue exacte des magasins militaires, et, enragé de laisser tant de bonnes choses aux ennemis, il résolut de faire cadeau à la garnison de tout ce qui pourrait lui être utile ou agréable, en fait de vêtements, de linge et de consommations de toute espèce. Parmi ces dernières se trouvait une très-grande quantité de pièces de vin; c'était sans doute un dépôt primitivement destiné à alimenter aussi d'autres places, et que les circonstances de la guerre avaient fait laisser à Juliers. Leur nombre était si considérable, qu'il y en eut une pour chaque escouade de soldats et une par tête d'officier. Ce vin était excellent, et le digne commandant aurait mieux fait de ne pas nous en sevrer durant le siége, il nous aurait bien mieux profité.

On en but largement, sans doute, mais il y a limite à tout; une de ces pièces suffisait amplement à abreuver à fond toute une compagnie, et il en restait encore trois ou quatre intactes. Qu'en faire? L'embarras était grand : on partait le lendemain. Aussi voyait-on nos pauvres soldats rouler leurs tonneaux dans les rues de Juliers, et tâcher de les vendre aux habitants. Mais hélas! quoique la science économique ne fût pas encore inventée, à ce que je crois, ou du moins bien connue, son implacable loi *de l'offre et de la demande* n'en exerça pas moins ce jour-là sa triste influence sur le prix du vin. On n'en tirait presque rien. Sous ce rapport pourtant, nous fûmes plus heureux que la plupart de nos camarades, toujours grâce à notre hôtesse. Tout en n'y perdant pas, elle nous acheta nos trois pièces à un prix raisonnable, ce qui me procura la joie inattendue d'entendre bruire quelques écus dans ma poche.

Le lendemain, nous sortîmes de la place avec armes et bagages et tous les honneurs de la guerre. Après quoi, la garnison fut disloquée par mesure de prudence, et dirigée vers l'ancienne France par petites colonnes séparées. Notre détachement en formait une, et c'est la seule dont la destinée vous sera connue.

La direction que nous devions suivre n'avait pu être déterminée que d'une manière assez vague; notre feuille de route s'improvisait, pour ainsi dire, chaque jour, par les autorités civiles ou militaires des lieux que nous traversions, et selon leurs renseignements sur la position et le nombre des troupes alliées, dont on voulait autant que possible nous faire éviter la rencontre. Il en résulta que nous fîmes de nombreux zigzags à travers la Belgique, logeant moins dans les villes que dans les beaux et riches villages de cette fertile contrée, et demeurant parfois deux ou trois jours dans la même localité, ce dont nous étions loin de nous plaindre.

Jamais, en effet, voyage militaire ne fut plus agréable. C'était au mois de mai, le temps était magnifique, la nature rajeunie et souriante se parait de ses plus doux attraits. Nous éprouvions un charme indicible à parcourir ces campagnes prospères, ces frais ombrages, ces paisibles hameaux, à ne plus voir paysans et paysannes s'enfuir à notre approche, ou se cacher en proie à la terreur. Nous jouissions d'autant plus vivement du spectacle de cette heureuse sécurité, de cette paix champêtre, que depuis bien longtemps il nous était complétement inconnu, et ce qui n'y gâtait rien, c'est que nous étions en général bien reçus par la population.

Nous le devions, sans doute, à notre qualité d'anciens occupants qui s'en vont, c'est de règle; mais peut-être aussi à nos remplaçants russes et prussiens, qui s'étaient rendus, paraît-il, encore moins attrayants que nous ; c'est du moins ce qu'on nous disait. Aussi n'étions-nous point exclus des fêtes et des kermesses; tout au contraire, nous figurâmes plus d'une fois fort avantageusement dans les bals villageois, aux applaudissements de nos hôtes des deux sexes, surtout du plus aimable, et il est telle contre-danse, où je brillai moi-même, s'il n'y a pas trop d'orgueil à le dire, par des pas distingués.

Nous ne fûmes certainement pas plus mal reçus de l'autre côté de la frontière, à notre rentrée dans la vieille France, mais nous y trouvâmes des choses qui nous choquèrent. L'opinion royaliste était dominante dans cette partie du pays : or, nous n'étions pas *bourbonniens*, tant s'en faut. Nous éprouvions même pour eux, et pour tous les émigrés rentrants, une espèce d'aversion d'instinct, beaucoup moins politique, il est vrai, que militaire. Il nous paraissait fort inconvenant, par exemple, qu'on voulût mêler dans nos rangs, et mettre même à notre tête, ces *voltigeurs de Louis XIV* dont nous entendions parler et qui devaient être souverainement ridicules. Nous étions surtout indignés des priviléges qu'on rendait, disait-on, à cette noblesse cacochyme qui allait accaparer toutes les places d'officier. Cette tendance rétrograde nous paraissait se manifester déjà par la surabondance des *de* nobiliaires qui surgissaient de partout, la plupart faux, nous n'en doutions pas.

L'idée nous vint alors de parodier cette sotte manie, au moyen de nos trois noms : noms aussi vulgaires et roturiers que possible, mais qui se prêtaient assez bien à une transformation aristocratique, car le capitaine s'appelait Thomas, le sous-lieutenant André, et nous mettrons, si vous voulez, que je m'appelais George ou Martin. En conséquence, à notre arrivée à Cambrai, et d'après notre usage de visiter ensemble nos logements afin de savoir où nous retrouver au besoin, nous présentâmes successivement, dans les familles de haute bourgeoisie où l'on nous avait placés, Messieurs de Saint-Thomas, de Saint-André, de Saint-George ou de Saint-Martin, qui furent naturellement accueillis avec de grands saluts. Nous formions, comme on voit, une députation fort respectable du calendrier : ce n'étaient pas des saints à la douzaine.

Nous nous étions fait d'autant moins de scrupule d'allonger ainsi le nom de nos pères, que nous devions partir le lendemain ou le surlendemain ; mais, par je ne sais quelle circonstance administrative, nous dûmes rester à Cambrai une quinzaine de jours, pendant lesquels nos nouveaux noms n'eurent que trop le temps de se fixer sur nos visages et dans la mémoire de nos hôtes. — Quant à ceux-ci, ils se montrèrent charmants pour nous. Que ce fût par amour de la noblesse ou par tout autre motif, ils nous témoignèrent, non-seulement des égards, mais bientôt de l'amitié, et j'eus tout particulièrement à me louer de ceux que j'avais eu le bonheur de rencontrer. On me logea dans une belle chambre, précédée d'un petit salon ; on donna des dîners, on me présenta aux amis, et je devins l'intime du fils de la maison qui revenait d'étudier à Paris. Ce ne fut donc pas sans de vrais et mutuels regrets que nous nous quittâmes, et sans qu'on m'eût fait promettre de donner de mes nouvelles, promesse que j'étais bien résolu à ne pas tenir, et l'on comprend pourquoi : je ne voulais pas écrire sous un faux nom, et je n'avais pas le courage d'avouer la mystification.

Telle a été ma première et mon unique intrusion dans le corps de la noblesse, intrusion qu'une circonstance inattendue rendit beaucoup plus sérieuse que je n'avais pu le prévoir et surtout que je ne l'eusse désiré, car, comme toute déviation de la vérité, elle finit par m'être à charge et par troubler ma conscience. Du reste, je n'aurais pas parlé de cette plaisanterie d'un goût assez médiocre, si elle n'avait eu, comme vous le verrez, des conséquences importantes pour moi après Waterloo.

C'est à Avesnes que nous fûmes envoyés pour continuer notre vie errante. Nous ne trouvâmes pas sans doute dans cette humble petite place le confort et les splendeurs de Cambrai, mais nous y trouvâmes durant quelques semaines une vie heureuse, presque patriarcale, et, pour tout dire, nous nous y trouvâmes nous-mêmes. Je m'explique.

Depuis notre sortie de Juliers, et pendant toute la période de transition qui précéda la réorganisation de l'armée, notre détachement vécut à peu près indépendant. Nous recevions de temps à autre une direction générale pour nos mouvements, et on prenait soin que nous fussions logés et nourris, mais, quant à notre conduite militaire et à la discipline, on nous laissait complétement nos maîtres. Nous formions ainsi comme un corps d'armée microscopique, marchant seul, sous les ordres et la responsabilité de son état-major. Or, cet état-major se composait de trois officiers qui vivaient entre eux dans une intimité parfaite, et qu'aucun nuage ne vint jamais troubler : c'étaient trois têtes dans un bonnet. Au fond, l'autorité supérieure appartenait incontestablement à notre capitaine, et il aurait pu s'en faire accroire et nous tracasser s'il l'eût voulu, mais qu'il était loin de le vouloir!

Le capitaine Thomas était né à Paris, où il travaillait de son état de peintre-décorateur avant d'entrer dans les Vélites ; après avoir servi quelques années dans ce corps privilégié, il en sortit en novembre 1813 pour passer capitaine dans notre régiment. Son charmant caractère, sa gaieté, sa bonhomie, son désir que tout le monde fût content autour de lui, en faisaient un excellent garçon et un chef rare. Plein de ressources et d'entrain, il était Parisien dans l'âme et dans la meilleure acception du mot, car le vrai Parisien bon enfant, quand il s'y met, est quatre fois plus aimable qu'un autre.

Le lieutenant faisait de son mieux pour ne pas contraster avec le capitaine. Notre sous-lieutenant seul, avait quelque peine à se mettre à cette égalité amicale qui caractérisait notre état-major. Venu tout récemment d'Espagne, où il avait été longtemps sergent, il lui restait parfois vis-à-vis de nous une sorte de gêne respectueuse dont nous tâchions de le corriger. Du reste, il ne nous était nullement à charge, bien au contraire, car il nous racontait des histoires du siége de Cadix et nous chantait toute sorte de chansons espagnoles, sur Ballesteros, La Romana, etc. Il contribuait donc pour sa part à nous rendre agréable le séjour de notre petite ville.

Pour le dire en passant, une chose qui m'étonna bien à Avesnes, ce fut d'y trouver de l'hydromel. Je m'étais toujours figuré qu'on n'en buvait que dans le palais d'Odin et dans le crâne des ennemis; pas du tout, on en boit aussi à Avesnes. C'est, s'il m'en souvient bien, une liqueur d'un jaune doré, aigrelette, limpide et suffisamment excitante, qui rappelle le vin, quoique d'assez loin, et coûte beaucoup moins cher. Nous jouions fréquemment l'hydromel aux boules et aux petits palets, et nos soldats faisaient comme nous, car il faut bien que j'en dise aussi quelques mots.

Nous ne les tourmentions pas; sauf trois ou quatre heures d'exercice par jour (quand le détachement stationnait) pour ne pas oublier le métier et se maintenir dans un état présentable, leur existence n'était pas plus dure que la nôtre. Et ne vous figurez pas qu'il en résultât des désordres ou de l'insubordination; tout cheminait facilement et au mieux parmi nous, grâce à l'esprit de bonne entente et d'affection qui régnait entre les chefs et les subordonnés, et qu'entretenait un sentiment commun de bien-être.

Aussi, le temps passé dans cette heureuse garnison ne se présente à mon souvenir que comme une journée sereine et douce qui dura trois semaines, et il a dû laisser la même impression chez tous nos camarades, si j'en juge par la lettre que le capitaine m'écrivait de Paris quelques mois après. « Vous rappelez-vous, me dit-il, vous rappelez-vous « Avesnes, où nous vivions si contents? Nous nous « amusions comme trois petits consuls. Oh! le « beau temps! » — Hélas! ce temps prit fin comme toutes choses. Au commencement de juillet, nous dûmes partir pour Condé où se préparaient nos nouvelles destinées.

En effet, pendant que nous coulions des jours si paisibles depuis notre sortie de Juliers, et que, moitié soldats moitié touristes, nous parcourions si agréablement la Belgique et le nord de la France, les Bourbons avaient la tâche difficile et délicate de réorganiser l'armée à leur façon. Evidemment, les régiments de ligne étaient beaucoup trop nombreux pour ce qu'il y avait à faire sous le nouveau régime, on eut donc raison d'en supprimer plus du tiers, mais il restait à réunir les débris, épars en tant de lieux, de ceux qu'on voulait fondre ensemble, à changer l'ordre des numéros sans froisser trop les souvenirs, à réduire enfin le personnel au strict nécessaire.

Cette dernière opération était facile avec les soldats, ils acceptaient volontiers leur congé, mais il n'en était pas de même pour les officiers. Chaque régiment amenait les siens présents au corps, auxquels venaient s'ajouter ceux que rendaient les hôpitaux, puis les prisonniers qui rentraient en foule, en sorte qu'il s'en trouvait cinq ou six fois plus qu'on n'en pouvait employer. Qui choisir et qui renvoyer? La question était grave pour le gouvernement, et plus grave encore pour les officiers, car ceux qu'on renvoyait étaient voués, comme on sait, à la demi-solde, c'est-à-dire à ne manger qu'à moitié leurs dents. Il ne faut donc pas s'étonner si l'on vit le mécontentement, la colère et bientôt la haine, grandir toujours davantage au milieu de ce tourbillon d'existences en suspens. Chaque groupe en formation devint un foyer de ce bonapartisme intraitable, qui fit passer de si mauvais quarts-d'heure à la Restauration.

Telle est la situation que nous rencontrâmes à Condé, lorsque notre petit et tranquille ruisseau vint se jeter dans ce lac en tourmente. Nous étions près de six cents officiers, parmi lesquels une centaine au plus devaient être retenus. Toutefois, nous vivions assez généralement en bons camarades. Nous logions chez le bourgeois, mais nous mangions à des tables communes d'une frugalité telle, que nous en sortions ordinairement l'appétit encore ouvert. Aussi avions-nous pris l'habitude de nous réunir le soir dans le jardin et sur la terrasse du château, pour y faire, aussi souvent qu'il nous était possible, des agapes fraternelles avec du pain et du fromage, arrosés d'un peu de bière. — C'est là que les cœurs s'ouvraient, que les récits s'animaient, que les hommes et les événements se jugeaient et qu'on déplorait les malheurs de la France, dont la première cause n'était pas, bien entendu, notre héros bien-aimé, mais uniquement les Bourbons, les émigrés et par-dessus tout les traîtres. La prudence mettait bien d'ordinaire une sourdine à l'expression de nos jugements et de nos affections, mais il arrivait parfois que les têtes se montaient et alors la sourdine disparaissait.

A ma très-grande surprise, je devins un jour l'occasion d'une explosion de ce genre; je ne m'y attendais nullement et en fus d'abord très-peu satisfait. La première cause de toute l'affaire avait été une manie de notre excellent sous-lieutenant André. Il maniait fort joliment la plume, ayant fait longtemps les fonctions de fourrier, mais il ne réussissait bien qu'à aligner les chiffres ou à dresser les comptes d'une compagnie, et il aurait voulu s'élever jusqu'à la prose continue, c'était son ambition; aussi ne se lassait-il point de s'essayer au noble métier d'écrivain. Il commençait volontiers ses *compositions* sur un ton pompeux; puis, la phrase lui manquait, le fil se rompait et la fin devenait baroque. C'était la syrène du poëte: *desinit in piscem*. Il était désespéré.

Or, un jour que je parcourais sur sa table ces essais qui me faisaient sourire, il me dit tout à coup : Seriez-vous capable d'écrire un discours? — Pourquoi pas? répondis-je. — Je me mis aussitôt à l'œuvre, et lui apportai dès le lendemain un dythirambe en prose qui lui parut merveilleux. Il se fit une joie de le montrer à quelques camarades qui furent si bien de son avis, que l'un d'eux s'empara de la pièce, et, sans en prévenir personne, la lut tout haut dans l'une de nos réunions. Je dois reconnaître qu'il la fit singulièrement valoir, car il avait une voix forte et sympathique et savait très-bien s'en servir, ayant été acteur dans un des théâtres secondaires de Paris.

J'avais pris naturellement pour sujet la gloire de l'Empereur. On sait qu'un dythirambe, *c'est pis qu'une ode:* or, le mien répondait tout à fait à cette définition. Il était flamboyant. La comparaison de l'Empereur avec le soleil

> Qui verse des torrents de lumière
> Sur ses obscurs blasphémateurs,

ne pouvait manquer de s'y trouver. Je réfutais et confondais tour à tour tous les ennemis de mon héros, extérieurs et intérieurs. *Prêtres toujours les mêmes,* m'écriais-je, *était-il impie, quand il relevait vos autels renversés?* — Puis : *Chantez votre gloire, soldats alliés, un million des vôtres, aidé de traîtres, a su vaincre quelques milliers de braves, chantez-la,... mais tremblez encore!* — Il y en avait trois pages dans ce goût-là, et le tout se terminait par cette apostrophe à Napoléon : *Va, héros mal-*

heureux, tu peux mourir, tu as assez vécu pour l'immortalité !

Ce trait final, quoique légèrement amphigourique et peut-être à cause de cela, eut un succès fou ; il fut salué par plusieurs tonnerres d'applaudissements.

Après la séance, j'allai réclamer mon dythirambe (qui me fut rendu, car je l'ai encore), mais mon lecteur bénévole en avait gardé copie, et j'appris ensuite du capitaine Thomas qu'il l'avait lu de nouveau au café Lemblin, [1] où il avait excité un enthousiasme à renverser les tables et les escabeaux. Avec un intermédiaire loyal, il eût dû m'en revenir quelque chose, mais le traître, en ne disant rien de l'auteur, accapara pour lui seul ce succès triomphal et en empocha toute la gloire. Nouvelle application du *Sic vos non vobis.*

Cependant l'œuvre pénible de notre réorganisation tirait à sa fin, et son résultat allait apparaître. Condé avait été la chaudière où l'on avait jeté, pour les faire bouillir ensemble, les membres épars de ces vieux corps exténués, le 154e, le 45e, etc., et, le 31 juillet, on en vit sortir ce nouvel Eson qui s'appela le 42e.

Hélas ! ce jour-là aussi, notre pauvre 154e cessait tout à fait d'exister, et son Conseil d'administration fit son acte testamentaire en nous signant

[1] C'était le rendez-vous des officiers à demi-solde à Paris, sous la première Restauration.

nos états de service. Ce fut pourtant une consolation et une joie, pour ceux d'entre nous qui, comme moi, restaient en activité, de conserver notre brave et bon colonel Chapuzet ; il avait heureusement obtenu la préférence, quoique le moins ancien des trois concurrents qui se disputaient la place.

Dès le lendemain, 1er août, le duc de Berry passa en revue le régiment nouveau-né, et octroya à tous ses officiers cette croix du *lys*, dont nous fûmes, comme vous le savez, si reconnaissants et si fiers.

Ici finit évidemment ce qu'on peut appeler encore *la campagne de 1814*, car il est impossible de conserver un pareil titre aux mois qui suivirent, et qui ne nous offrirent plus dès lors que la vie de garnison. Vous me dispenserez volontiers, je crois, de vous faire le tableau de la série monotone de nos occupations à l'exercice et à la caserne, ou de nos loisirs à la table d'hôte et au café ; ce que nous faisions, ce que nous disions alors pour tuer le temps, ne vous semblerait peut-être pas très-intéressant.

Au reste, vous pouvez facilement nous voir et nous entendre, puisqu'un certain littérateur de Paris, assez indiscret et qui n'avait rien de mieux à faire, paraît-il, s'est glissé sournoisement parmi nous, nous a comme photographiés les uns après les autres et livrés à son public. Il a eu beau vouloir dissimuler son inconvenance en prétendant qu'il avait fait le portrait du *101e régiment.* A d'autres ! Je l'ai bien vite reconnu, c'était le 42e.

V

CAMPAGNE

DE

MIL HUIT CENT QUINZE

CAMPAGNE

DE

MIL HUIT CENT QUINZE

CHAPITRE Ier

Waterloo

Quoique j'eusse accepté d'être placé comme lieutenant en activité dans le 42e régiment, ce n'est point à dire que je fusse alors décidé à rester indéfiniment au service. D'abord, être soldat des Bourbons, me paraissait toute autre chose que d'être soldat de Napoléon; puis, la conclusion de la paix venait de porter, à mon avis, un coup de mort à la carrière militaire : elle se trouvait ainsi dépouillée de cette auréole de gloire et de ces perspectives de rapide avancement, si propres à séduire les jeunes imaginations. Toutefois l'horizon se présentait encore si incertain et si confus devant moi, comme devant tout le monde, que je craignis de prendre trop vite un parti définitif, et j'acceptai ma nomination pour me donner le temps de réfléchir et de tâter les événements.

Au bout de six mois, la vie de garnison me parut chose si assommante pour un homme qui entre dans la vie avec quelque activité dans l'esprit, que je n'aurais pas hésité plus longtemps à quitter le harnais militaire, si des signes toujours plus nombreux et plus graves n'avaient annoncé un changement très-prochain, et où l'armée jouerait un grand rôle.

Les fautes de la première Restauration avaient, comme on sait, largement préparé les voies à l'exilé de l'île d'Elbe. Aussi la nouvelle de son retour fut-elle reçue avec acclamation, à Condé comme ailleurs, du moins par les militaires. Car, pour dire la vérité, dans le nord de la France où nous étions, les bourgeois et les paysans ne paraissaient pas aussi contents que nous; non pas, je crois, par un amour platonique pour les Bourbons qu'ils connaissaient fort peu, mais par crainte de la guerre.

Cette sourde opposition se faisait apercevoir de plus d'une manière, mais je la reconnus tout particulièrement dans un certain village où j'étais cantonné avec la compagnie dont j'avais alors le commandement. C'était peu de jours avant le commencement des hostilités, et l'on venait d'afficher la proclamation par laquelle l'Empereur demandait le concours de tous les Français. De nombreux villageois faisaient cercle devant cette proclamation, et l'un d'eux la lisait à haute voix. Tiens! s'écria tout à coup quelqu'un du groupe il nous appelle aussi à son aide, comme l'autre il y a quelques jours![1]

Ces paroles mal sonnantes, et le ton dont elles furent prononcées, m'irritèrent si fort, que j'adressai aussitôt à ces gens un discours où dominaient ces deux idées : 1° que Napoléon leur faisait trop d'honneur en leur parlant; 2° qu'il n'avait pas besoin d'eux. — Ce fut mon coup d'essai, passablement brutal, il faut en convenir, dans l'éloquence politique, et qui ne me fait pas regretter de n'avoir pas suivi cette carrière. Toutefois les villageois m'écoutèrent la tête basse, puis se retirèrent sans mot dire et en se regardant en dessous. Est-ce la force de ma rhétorique ou la crainte de mes soldats, qui les avait réduits au silence? Je ne sais, ou plutôt je ne m'y trompai pas, et je notai ce lieu comme d'un très-petit secours pour nous dans l'occasion. Du reste, cela ne m'inquiétait point, car l'armée et son enthousiasme me paraissaient plus que suffisants pour nous assurer la victoire.

Ceci se passait, ai-je dit, peu de jours avant le commencement des hostilités; me voici donc arrivé au moment où je devrais vous raconter la cam-

[1] Louis XVIII, dont la proclamation ressemblait naturellement beaucoup, sous ce rapport, à celle de Napoléon.

pagne de 1815. Mais dois-je le faire et puis-je le faire? Faut-il recommencer un récit déjà fait et refait par tant de romanciers et d'historiens, et tout particulièrement par les grands maîtres du sujet, MM. Quinet, Thiers et Charras? — Ils sont en désaccord, sans doute, et les deux derniers se disputent même assez vivement; mais sur quoi? Sur les fautes à mettre au compte de Napoléon ou à celui de ses lieutenants, sur l'opportunité ou la valeur de quelques mouvements stratégiques, sur des ordres verbaux ou écrits, envoyés ou non, ou parvenus à telle heure plutôt qu'à telle autre, surtout sur l'état de santé de l'Empereur, sur l'activité de son esprit ou la lenteur de ses décisions : questions fort intéressantes sous certains rapports, je ne le nie pas, mais qui ne modifient en rien, quel que soit le parti qu'on adopte, les réalités militaires de ces quatre mémorables journées.

Or, sur les faits, nos historiens se trouvent d'accord. Ils racontent de la même manière la marche des troupes et leur position sur le champ de bataille; puis ils suivent de concert, et comme pas à pas, toutes les péripéties de la lutte et sa terrible issue, ne laissant d'autre ressource à ceux qui viennent après eux, que de recourir à leur imagination pour trouver du nouveau : ce que quelques-uns n'ont pas manqué de faire. Pour moi, absolument incapable de porter un jugement sur ce qui est en litige, et ne voulant d'ailleurs ni copier ni inventer, il ne me reste en bonne logique qu'à me taire et à vous renvoyer aux sources.

Et pourtant vous attendez quelque chose de moi. Ayant écrit plus haut: *Campagne de 1815*, ce titre m'oblige, et je ne puis pas décemment dans un tel chapitre remplacer Waterloo par un blanc. Que ferai-je? Tout simplement ce que j'ai fait jusqu'ici ou à peu près: je ne raconterai pas l'histoire de la guerre, mais celle de mes impressions. Il est vrai que cela rapetissera singulièrement le sujet, mais vous êtes prévenus.

Maintenant, où irai-je chercher mes impressions d'il y a cinquante ans? Si c'est uniquement dans ma mémoire, je risque fort de ne les retrouver que bien effacées ou bien confuses. Il y aurait bien un moyen de vous les présenter dans toute leur fraîcheur, ce serait de transcrire littéralement ici la narration détaillée que j'écrivais à Arras un mois après Waterloo; mais je ne puis songer à la mettre ainsi sous vos yeux, elle est trop de son temps. Je me contenterai d'y puiser largement, comme il sera facile de s'en apercevoir, car je ne prétends nullement en faire disparaître tout ce qui porte un cachet marqué de l'époque (on ne m'en saurait peut-être pas gré). Je laisserai même parfois complétement la parole au jeune narrateur, tout en me réservant de le redresser au besoin. Cela dit, je commence.

Après avoir fait nos adieux à toutes les personnes qui nous intéressaient ou que nous intéressions à Condé, nous partîmes chargés des vœux et humectés des larmes de tout le monde, car, vanité à part, notre régiment était fort aimé dans cette ville ; puis, nous fîmes joyeusement la route jusqu'à Valenciennes, où nos aigles devaient nous être rendues. C'est le 12 juin que se trouva réuni devant cette place, sous le commandement du comte d'Erlon, le 1er corps d'armée auquel nous appartenions, et qui offrait alors un spectacle à la fois majestueux et brillant. J'avais vu sans doute un plus grand nombre de soldats rassemblés, mais jamais, je crois, cet éclat de seize régiments d'infanterie de la plus belle tenue, d'une précision admirable dans les manœuvres, remplis d'enthousiasme, et recevant avec émotion ces aigles sous lesquelles ils avaient si longtemps combattu.

La plaine où nous nous trouvions avait disparu sous les masses qui la couvraient, car, outre l'infanterie, notre corps comptait plus de trois mille hommes en cavalerie et artillerie. Au moment de la remise des drapeaux, les airs furent frappés par la voix de 20,000 hommes qui juraient de vaincre ou de mourir. Les infortunés, ils l'ont bien tenu leur serment. J'ai vu, six jours après, les débris de ce même corps,... quel changement, et qui l'eût prévu ! — Mais assez là-dessus ; venons au récit de cette campagne si courte et si terrible, qui dura quatre jours et qui décida du sort d'un empire et peut-être du monde.

Jamais armée ne s'était mise en marche avec plus de certitude de vaincre. Que nous importait le nombre des ennemis? Nous comptions dans nos rangs ces soldats vieillis dans la victoire, que le sort avait faits prisonniers pendant quelques années et qui n'en étaient devenus que plus redoutables. Mille outrages à venger mêlaient de la colère à leur bravoure naturelle. Ces figures, hâlées par le soleil d'Espagne ou les glaces de la Russie, s'illuminaient à la pensée d'une bataille. Ils voulaient bien la paix, mais ils ne la voulaient que glorieuse, et après avoir reporté sur le Rhin les limites de la France. Le vœu des Belges, le grand nombre de déserteurs ennemis, le peu d'intelligence qui régnait dans cet amalgame de nations diverses de mœurs, de langage et d'intérêts, tout enfin semblait concourir à les entretenir dans leur illusion patriotique. Erreur funeste, mais bien pardonnable, erreur qui n'en est devenue une que le 18 au soir. [1]

C'est dans cet esprit que nous partîmes pour Beaumont, point de réunion de toute l'armée, où

[1] On comprend que je ne rapporte pas ces appréciations politiques comme la pure expression de la réalité des choses, mais pour faire connaître les idées dont nous étions imbus, et qui nous venaient de haut. Quant aux Belges, leur conduite a bien prouvé que Napoléon s'était trompé sur leurs dispositions.

nous arrivâmes le 14. Nous prîmes position vers les sept heures du soir : c'était le premier bivouac de la campagne. On ne dormit guère à cause de la pluie qui était abondamment tombée et qui tombait encore, mais on se mit à parler des opérations du lendemain. Chacun tranchait du général sans y entendre grand'chose, et chaque bivouac se trouvait ainsi transformé en conseil de guerre, ce qui n'empêchait point ces habiles gens de pousser du bois au feu et de faire bouillir la marmite.

Le 15, avant le point du jour, nous entrâmes en Belgique par un temps sombre et pluvieux. Les terres, détrempées de la veille, s'enfonçaient sous nos pas et ne causaient pas peu de fatigue à nos fantassins, car, lorsqu'on s'avance pour attaquer, les routes sont réservées à l'artillerie et à la cavalerie, et l'infanterie doit marcher à travers champs.

Les premières troupes ennemies, atteintes dans la matinée, essayèrent de résister ; on leur tua quelques centaines d'hommes, et on les mena l'épée aux reins jusqu'à Marchiennes et Charleroi. Là, réunies en plus grand nombre, elles voulurent tenir pour empêcher le passage de la Sambre et attendre le gros de leur armée, mais le 2me corps, qui nous précédait, ne leur en donna pas le temps ; après quelques coups de canon, il emporta les ponts à la baïonnette et s'établit sur l'autre rive.

Notre corps ne donna pas ce jour-là; il suivait celui de Reille, chargé de l'attaque, et c'est sur les traces de ce dernier que je revis, pour la première fois depuis dix-huit mois, des blessés et des morts étendus sur la terre. Ce spectacle, qui annonçait si vivement le retour prochain de tant de scènes sanglantes, m'impressionna sérieusement : mon cœur battit, il m'en souvient. Pourquoi ne le dirais-je pas, puisque cela ne m'empêcha pas de remplir ensuite mon devoir?

Cependant le jour tirait à sa fin ; nous étions sur pied depuis deux heures du matin et nous avions fait, sans manger, une marche de huit lieues, rendue plus pénible par une chaleur devenue étouffante. On nous fit bivouaquer sur la route de Bruxelles, à une lieue en avant de Charleroi.

Cette nuit fut meilleure que la précédente. Il ne plut pas ; les soldats allèrent au bois et à la paille et, comme il arrive d'ordinaire, en cherchant du bois au grenier, ils trouvaient du vin à la cave. C'est un mal inévitable ; pour aller au fourrage, il faut bien entrer dans les maisons : heureux encore, quand il ne s'y passe rien de plus grave. Parmi ceux qui s'étaient chargés de cet office, un de nos soldats, qui avait fait la guerre en Espagne, se rendit droit chez le curé du village et, comme il connaissait les usages de ces messieurs, il descendit au caveau et nous en rapporta quelques bouteilles d'un excellent vin vieux, que nous bûmes à la santé du bon prêtre.

Durant la matinée du 16, l'armée ne fit que se

déployer et s'avancer vers les plaines de Fleurus, où nous attendaient Blucher et ses Prussiens. Mais, comme d'un autre côté, sur la route de Bruxelles, se trouvaient aussi les Anglais, les Hanovriens, les Hollandais et les Belges, des troupes durent être disposées pour leur faire face, et notre corps en fit partie.

Vers les trois heures de l'après-midi, deux batailles s'engagèrent en même temps. L'une, la plus terrible, celle de Fleurus, livrée aux Prussiens par Napoléon en personne, se donnait à une lieue de nous sur notre droite et un peu en arrière. L'autre, à une lieue aussi de nous, mais en avant, était livrée aux Anglais par le maréchal Ney, à un endroit appelé les Quatre-Bras.

Quelle part prîmes-nous à l'une ou à l'autre? Chose étrange à dire: Aucune! Par suite de malentendus entre les généraux, d'ordres contradictoires ou mal compris, le corps de d'Erlon ne servit positivement à rien. Nous ne fîmes que nous promener entre ces deux champs de bataille, pourtant si voisins de nous.

Vers les cinq ou six heures, nous nous trouvions sur le flanc de l'armée prussienne, en vue de St-Amand où la bataille avait commencé et où elle durait encore. Si nous avions donné alors, dit-on, il s'ensuivait la destruction complète de cette armée. Au lieu de cela, vient un contre ordre; il nous faut courir de nouveau vers les Quatre-Bras où Ney en danger nous appelle à grands cris, et où nous arrivâmes enfin vers les huit heures, quand tout était fini. Sa bataille était restée indécise et son armée bivouaquait au pied de la position. Ainsi, le soir de cette journée qui avait coûté plus de 30,000 hommes aux combattants des deux parts, il ne nous restait qu'à nous coucher comme de grands inutiles, sans avoir tiré un coup de fusil. Nous en étions honteux.

Mais, si nous n'avions pas combattu, nous avions vu de près les champs de bataille et leurs abords, et c'est un spectacle qui ne s'oublie pas. En avançant vers St-Amand, entre Fleurus et Ligny, nous trouvâmes la route couverte de charrettes qui emportaient les blessés, dont le nombre était déjà immense, sans compter ceux qui gisaient sur le champ de bataille. Quelle horrible chose à voir! Je vous assure qu'il faut autant de courage pour marcher tranquillement à l'ennemi à travers les morts et les mourants, que pour attaquer de front une batterie. Ce n'étaient certainement pas les premiers que je voyais, mais je ne crois pas que l'on puisse, sans une profonde émotion, traverser cette foule d'hommes, si dispos un instant auparavant, maintenant souillés de sang, mutilés de toute manière, entassés les uns sur les autres, et la mort et ses angoisses peintes sur la figure.

Eh bien, ces hommes paraissaient pour la plupart moins affectés que nous de leur position. C'étaient eux qui, se préoccupant encore du succès de nos armes, oubliaient leurs souffrances pour nous encourager. Les uns, élevant leur front pâle au-dessus de la charrette, nous disaient : Allez, camarades, tout va bien ; encore un peu de courage et l'ennemi fuira. J'en ai vu qui n'avaient plus qu'un souffle de vie, l'employer tout entier à crier : vive l'Empereur ! — Quels soldats que ceux que la mort ni la douleur ne peuvent vaincre, et qui gardent jusqu'au dernier moment leur indomptable fermeté ! [1]

Mais n'insistons pas sur ces sombres tableaux qui ne reviendront que trop vite. Une vue plus agréable, c'est celle de notre bivouac, qui fut presque aussi bon que le précédent. Le régiment se trouvait placé en avant d'un village, et nos soldats,

[1] Certes, je ne veux rien ôter ici de l'enthousiasme tout naturel de notre jeune officier. Je me permettrai seulement de lui rappeler ce qu'il a déjà vu lui-même et ce qu'il verra encore, c'est-à-dire ces hommes, admirables sur le champ de bataille, transformés, quelques heures après, en une troupe de fuyards éperdus, incapables de la moindre résistance et jetant leurs armes pour ne plus combattre : ainsi que les ont représentés, en plus d'une occasion, les historiens les plus autorisés et les plus sensibles à l'honneur national. — Quant à dire qu'une si complète réaction est particulière aux guerriers ardents, mais mobiles de la France, ce serait une assertion fausse et une injure gratuite. Non, cette étrange et subite défaillance qui se présente parfois à la suite d'un désastre, n'est pas seulement le lot des armées françaises, c'est le lot de toutes les armées, parce que c'est celui de la nature humaine.

dans la crainte que leurs officiers manquassent de viande, nous amenaient à l'envi des moutons, des cochons, des veaux et jusqu'à des bœufs, en sorte que nous avions plutôt l'air d'être à une foire que dans un camp. Nous leur fîmes reconduire la plus grande partie de ce bétail. Mais voilà la vie du soldat, tout aujourd'hui, rien demain ; or c'est le *rien* à la lettre, qui nous attendait pour le jour suivant.

Le 17, nous quittâmes nos bivouacs vers le milieu du jour pour aller attaquer la position des Quatre-Bras, encore occupée par les Anglais. Le corps de d'Erlon fut placé en première ligne pour le consoler de n'avoir pas combattu la veille. Arrivés devant la position, nous attendîmes longtemps l'ordre d'attaquer, qui nous fut enfin donné par Napoléon lui-même. Mais notre tour n'était pas encore venu de montrer ce que nous savions faire, car nous trouvâmes la position évacuée ; il n'y restait qu'une arrière-garde de cavalerie, qui suivit bientôt le mouvement de son armée déjà en retraite sur Bruxelles. Ce que nous trouvâmes à la place, c'est un champ de bataille aussi sanglant que les autres, car c'est là qu'avait été le centre du furieux combat de la veille.

Vous parlerai-je ici de la surprise que me fit éprouver ce champ de bataille ? — Un bataillon de montagnards écossais s'était formé en carré et avait été évidemment mitraillé et sabré sur place, car le carré restait visiblement tracé par les cadavres. Ce n'est pas ce qui m'étonna de ces braves morts, c'est leur costume. Ces bonnets à plumes, ces tartans bariolés, surtout ce jupon court qui laissait à nu leurs jambes nerveuses, en un mot, toutes ces étrangetés que nous connaissons si bien maintenant, m'impressionnèrent d'autant plus vivement que je ne savais encore rien de ces poétiques *highlanders*, auxquels W. Scott a su si bien nous intéresser plus tard.

Cependant l'après-midi s'écoulait, il pouvait être alors deux ou trois heures. Toute l'armée s'était mise en marche et défilait sur la route de Bruxelles à la poursuite des Anglais, lorsqu'un orage, tel qu'on n'en avait jamais vu de semblable, se déchaîna subitement sur nous et sur tout le pays. En quelques minutes, la route et la plaine ne furent plus qu'un marais qui devint toujours plus impraticable, car l'orage persista et dura tout le reste du jour et toute la nuit. Les hommes et les chevaux s'enfonçaient dans la boue jusqu'à mi-jambes; l'obscurité croissante empêchait de se voir, les bataillons se mêlaient, chaque soldat marchait comme il pouvait et où il pouvait; nous ne formions plus une armée, mais une véritable cohue.

En dépit de ce temps, la poursuite continuait. Notre avant-garde, uniquement composée de cavalerie et d'artillerie légère, chargeait et canonnait sans relâche l'arrière-garde anglaise, qui répondait de son mieux. Napoléon chevauchait immédiatement après, son chapeau rabattu par la pluie; nous venions ensuite, et tout le reste de l'armée suivait à la file. On s'arrêta enfin au pied du Mont-Saint-Jean, de cette position trop fameuse, où tant de milliers de braves gens devaient périr le lendemain, sans que pas un s'en doutât la veille.

En effet, nous savions en gros que Wellington avait encore la plus grande partie de son armée aux environs de Bruxelles, mais nous ne comptions pas sur une affaire générale, avant les quelques jours que nous lui croyions nécessaires pour la rassembler entièrement. D'ailleurs la chasse qu'il venait de recevoir devait, dans nos idées, nous assurer au moins la possession de Bruxelles, qui n'est qu'à trois lieues de là. Et qui sait? Peut-être, si nous eussions marché une heure de plus, si nous eussions mis derrière nous cette fatale position, peut-être... Quoi qu'il en soit, c'est là que s'arrêta la poursuite et que cessa la canonnade; alors nous songeâmes à bivouaquer, ce qui n'était pas chose facile.

L'armée se trouvait, en effet, réunie comme par enchantement dans cette plaine, où les villages clair-semés n'étaient pas aisés à découvrir dans l'obscurité et encore moins à exploiter, vu la concurrence que s'y faisaient nos 80,000 hommes. Le peu de maisons à notre portée furent bientôt occupées par les généraux, leurs domestiques, leurs chevaux, les aides-de-camp et les secrétaires, sans compter les Rizpainsel, tous gens peu disposés à bivouaquer quand ils peuvent s'en dispenser, surtout par le temps qu'il faisait; puis, pour se débarrasser des visiteurs importuns, ils criaient à tort ou à droit : C'est le logement du général ***, ou du maréchal ***, en sorte qu'il fallut renoncer pour ce soir à la ressource ordinaire du soldat. En attendant, percés jusqu'aux os, nous manœuvrions dans la boue pour prendre la position qui nous incombait dans l'ordre général. Après quoi l'on nous permit de nous asseoir, si cela pouvait nous être agréable.

Quelle perspective pour la nuit! Il faisait noir comme dans un four, l'eau tombait par torrents et sans discontinuer, et, pour surcroît de bonheur, le régiment se trouvait placé dans des terres labourées et entièrement inondées; c'est là que nous devions goûter les douceurs du repos. Pas de bois, pas de paille, pas de vivres et aucun moyen de s'en procurer. Ce dont nous pouvions pourtant le moins nous plaindre, c'était du lit; il n'était pas dur, au contraire. Aussitôt qu'on était couché, on se sentait enfoncer mollement jusqu'à mi-corps, et, avec la simple précaution de mettre un shako en guise d'oreiller, le duvet n'était pas plus doux. On était un peu fraîchement, il est vrai, mais on avait la satisfaction, en se retournant, de sentir laver par la pluie le côté qui avait pu être sali quand il était dessous. Malgré tant d'avantages réunis, beaucoup de gens se plaignaient encore, juraient et envoyaient au diable celui qui nous avait conduits là ; puis, après avoir bien murmuré, on se livrait au sommeil, remède à tous les maux.

Vous aurez peine à le croire, mais demandez à qui a fait campagne, il vous dira qu'il y a des moments de fatigue où l'on dormirait sur des baïonnettes, à plus forte raison dans la boue. Sans doute, on a lieu de s'en ressentir dans la suite ; bien des années après, les rhumatismes et les douleurs viennent rappeler ces tristes logements à la mémoire.

Le lendemain, de bonne heure, nous sautâmes à bas du lit, et, après toilette faite, les soldats délassés coururent de toute part à la recherche de ce qui nous manquait. Bientôt on put faire du feu, on grilla quelques côtelettes de vache qui parurent délicieuses, et l'on but copieusement, car l'eau ne manquait pas. Ainsi restaurés, et les armes nettoyées, nous attendions avec impatience le signal du départ que nous imaginions devoir être très-prochain ; mais, à notre grand étonnement, les heures s'écoulaient sans qu'on nous fît seulement changer de position. Il est vrai que nous nous trouvions les plus avancés, et nous voyions les autres corps d'armée se porter successivement sur la ligne, s'étendre à notre gauche et prendre toutes les dispositions ordinaires pour une bataille générale. Nous reconnûmes alors que le moment était venu où l'on allait se donner, comme disent les soldats, *un fameux coup de peigne*. Tout le monde s'y prépara joyeusement, et l'on s'exhorta à terminer d'un seul coup la campagne. Hélas! on ne croyait pas si bien dire.

L'armée se trouva bientôt déployée sur les crêtes du Mont-Saint-Jean. Depuis le matin, le temps s'était remis au beau, et maintenant un soleil splendide éclairait les lignes des combattants et faisait briller leurs armes. C'était un spectacle de toute magnificence. Les baïonnettes, les casques, les cuirasses étincelaient; les drapeaux, les guidons, les banderolles des lanciers, sous le souffle du vent, faisaient ondoyer les trois couleurs; les tambours battaient, les clairons sonnaient, toutes les musiques des régiments entonnaient l'air : *Veillons au salut de l'Empire;* car, en cet instant même, Napoléon passait la dernière revue de son armée en bataille. Jamais il ne put entendre crier vive l'Empereur avec plus d'enthousiasme, jamais dévouement plus absolu ne se peignit sur les traits, dans les gestes et dans la voix de ses soldats; c'était comme un délire. Et ce qui rendait cette scène plus imposante et plus solennelle, c'est qu'en face de nous, à mille pas peut-être, on voyait distinctement, sur la colline des Anglais, se dessiner leur longue ligne d'un rouge sombre.

Cependant l'heure avançait, et à notre fiévreuse exaltation succéda bientôt un profond silence, qui rappelait ce terrible silence qui précède parfois et annonce les bouleversements de la nature : on attendait le signal. Ce fut entre onze heures et midi qu'il fut donné, et qu'éclata tout à coup de notre côté le formidable tonnerre de plus de cent pièces d'artillerie, auxquelles répondirent aussitôt les ennemis. Cette canonnade dura bien deux heures avant qu'on nous fît faire aucun mouvement.

Le 1er corps touchait par sa gauche à la chaussée de Bruxelles, et sa droite, qui était aussi celle de l'armée, s'appuyait à quelques bouquets de bois. Nous avions jeté, selon l'usage, des tirailleurs sur la pente de l'étroit vallon qui nous séparait des Anglais, et il ne nous restait plus qu'à recevoir patiemment leurs boulets jusqu'au moment de monter à l'assaut. — En attendant, un furieux combat se livrait à notre gauche, au château d'Hougoumont. Nous y perdîmes beaucoup de monde, fort inutilement, dit-on, car ce ne devait être d'abord qu'une fausse attaque pour distraire l'ennemi de la véritable, réservée au 1er corps.

Lorsqu'on crut les Anglais suffisamment ébranlés par le feu de nos pièces, les quatre divisions d'Erlon se formèrent en colonnes séparées. La troisième, celle de Marcognet, dont faisait partie notre régiment, devait marcher comme les autres par bataillons déployés, se suivant à quatre pas de distance seulement; disposition étrange et qui allait nous coûter cher, car nous ne pourrions nous former en carrés pour nous défendre de la cavalerie, et l'artillerie ennemie aurait à nous labourer sur vingt rangs d'épaisseur. A qui le 1er corps dut-il cette malencontreuse formation, qui fut une des causes de son insuccès et peut-être la principale? Personne ne le sait.

Mais ce mauvais arrangement de notre colonne d'attaque me rappelle la singulière allure qu'il inspira, quelques instants plus tard, à l'un de nos officiers. Serait-il vrai, comme le pensent les romantiques, qu'il se rencontre un élément comique dans toutes les tragédies? L'épisode dont je parle en pourrait être une preuve; permettez-moi de l'introduire à ce titre.

Nous avions au bataillon un capitaine assez mince, mais très-long (il mesurait près de six pieds). Il avait fait la guerre en Espagne et n'en avait pas rapporté la réputation d'être très-brave, quoiqu'il fît volontiers rouler les *r* en parlant. — Pendant que la colonne, fouettée par la mitraille, montait péniblement sur la colline anglaise, notre homme, probablement sans s'en rendre bien compte, se rapprochait toujours plus du peloton qui marchait devant lui, et, comme s'il eût trouvé injuste d'offrir à l'ennemi plus de prise que ses camarades, il s'efforçait de dissimuler sa tête derrière les épaules de ceux qui le précédaient. Dans ce but, il la baissait si bien qu'il était presque courbé en deux, et présentait ainsi à ceux qui le suivaient une posture aussi peu guerrière que possible.

Ce n'est pas tout, car, s'apercevant sans doute que sa position devenait inconvenante, il se retournait vivement, faisait face à sa compagnie et marchait à reculons en balançant son épée sur ses deux mains, comme on le fait à la parade pour marquer la cadence du pas et maintenir l'alignement. Mais alors, pour ne pas perdre son abri, il se penchait tellement en arrière que sa nouvelle posture ne valait guère mieux que la première. — Ce capitaine peut se vanter de nous avoir arraché un sourire dans un moment bien sérieux.

Mais enfin notre tour arrive. A l'ordre d'attaquer, répond un cri frénétique de vive l'Empereur ! Les quatre colonnes s'ébranlent et descendent l'arme au bras et les rangs serrés la pente du vallon pour aller remonter le versant opposé, dont les Anglais garnissent le sommet et d'où leurs batteries nous foudroient. Sans doute la distance n'est pas grande, un piéton ordinaire ne mettrait pas plus de cinq ou six minutes pour la franchir ; mais les terres molles et détrempées et les hauts seigles que nous traversons ralentissent singulièrement notre marche, en sorte que l'artillerie anglaise a tout le temps d'exercer sur nous son œuvre de destruction.

Toutefois nous ne faiblissons pas, et lorsque nous sommes près enfin d'assaillir la position, la charge bat, le pas se précipite, et c'est encore aux cris mille fois répétés de vive l'Empereur que nous nous élançons sur les batteries. Un obstacle se présente : des bataillons anglais, embusqués dans un chemin creux, se lèvent tout à coup et nous fusillent à quelques pas. On les chasse à la baïonnette, on monte encore, on traverse les portions de haie vive qui abritaient leurs pièces, on est sur le plateau, on crie victoire. Mais, par l'effet même de notre élan, les rangs se trouvent confondus, et, à notre tour, nous sommes assaillis à la baïonnette par de nouveaux ennemis ; la lutte recommence et il s'ensuit une effroyable mêlée.

Dans cette sanglante confusion, les officiers cherchaient, comme c'était leur devoir, à rétablir un peu d'ordre et à reformer des pelotons, car une troupe en désordre ne peut rien faire et n'avance à rien. Au moment où je poussais dans les rangs un de nos soldats, je le vois tomber à mes pieds d'un coup de sabre. Je me retourne vivement,... c'était la cavalerie anglaise qui pénétrait de toute part au milieu de nous, et nous taillait en pièces.

S'il est difficile, pour ne pas dire impossible à la meilleure cavalerie, d'enfoncer des fantassins formés en carré et qui se défendent avec sang-froid et intrépidité, une fois qu'elle a pénétré dans les rangs rompus, la résistance est inutile et il n'y a plus là pour elle qu'une tuerie presque sans danger. C'est ce qui arriva. En vain nos pauvres soldats se dressaient sur leurs pieds et allongeaient les bras, ils ne pouvaient percer de leurs baïonnettes ces cavaliers montés sur de puissants chevaux, et les quelques coups de fusil qui se tiraient dans cette foule confuse devenaient aussi souvent funestes aux nôtres qu'aux Anglais. Nous restâmes donc sans défense contre un ennemi acharné, qui, dans l'enivrement du combat, sabrait sans pitié jusqu'aux tambours et aux fifres. C'est là que notre aigle fut prise, et c'est là que j'ai vu la mort de bien près, car mes meilleurs amis tombaient autour de moi et j'attendais le même sort, tout en agitant machinalement mon épée.

Lorsque nous n'offrîmes plus aucune résistance, la masse des cavaliers se disposa à traverser à son tour le vallon pour aller s'emparer de nos pièces, tandis qu'une partie d'entre eux emmenaient ce qui restait debout dans notre division. En ce moment même, je venais d'être jeté à terre par la rencontre d'un cheval, et je me trouvai ainsi au milieu de beauconp de nos soldats, tués, blessés ou renversés comme moi.

On comprend que les ennemis ne s'amusaient pas à fouiller parmi les morts pour y chercher quelques vivants, ils me laissèrent donc sur le champ de bataille, où il semble que j'aurais dû attendre patiemment la décision de l'affaire. En effet, que pouvais-je faire en me relevant? Deux choses uniquement : ou me rendre prisonnier, ou tâcher de me sauver vers nos batteries en me mêlant à ceux qui allaient les attaquer, ce qui paraissait insensé. Ce fut pourtant le parti que je pris, une fois debout, car l'amour de la liberté est presque aussi grand que l'amour de la vie. Entendez bien que je ne faisais pas alors tous ces raisonnements, je suivais un instinct.

Je me mets donc à parcourir de nouveau cette fatale vallée, ces terres détrempées, ces blés couchés où mes pieds s'enfoncent et s'embarrassent, et qui sont maintenant souillés de sang et semés de cadavres. Je marchais en chancelant, la poitrine oppressée, pouvant à peine respirer et croyant parfois rêver : car je voulais courir, et je me trouvais comme dans un de ces cauchemars où l'on remue les jambes sans pouvoir avancer. Je ne voyais autour de moi que des dragons anglais éparpillés, et sur lesquels notre artillerie faisait alors pleuvoir ses boulets. Si j'échappais à ceux-ci, comment échapperais-je aux premiers ? J'étais à si courte distance d'eux, qu'il me semblait toujours en voir quelques-uns s'apprêter à me courir dessus. Je me trompais évidemment, cette cavalerie avait autre chose à penser et à faire qu'à se ruer sur mon individu. Quoi qu'il en soit, nous remontâmes ensemble sur nos batteries, et, pendant le conflit avec nos canonniers, je me faufilai et gagnai au pied jusqu'à un ravin à quelques cents pas en arrière. Arrivé là, je me jetai à terre pour respirer.

Que d'autres que moi, et probablement en grand nombre, se soient sauvés de la même manière, je le crois parfaitement, mais je dois dire que je ne les ai pas vus, mon attention était ailleurs. En tout cas, je me trouvai quelques moments seul dans ce ravin où je tâchais de reprendre mes sens, tout en ayant grand'peine à y parvenir : tant que le danger avait été pressant, mes forces s'étaient soutenues, mais, une fois en sûreté, elles m'abandonnaient et je restais presque sans mouvement.

Une extrême fatigue, la douleur de deux blessures que je commençai à sentir, l'étonnement d'une délivrance si peu attendue, me causaient ainsi plus d'émotion que je n'en avais éprouvé dans le péril. Du reste, mes blessures étaient peu de chose. Dans la mêlée, sur le plateau, mon pied avait été froissé par le sabot d'un cheval, et j'avais reçu un coup de baïonnette, non pas au genou même (heureusement, car je n'aurais pu marcher et serais resté prisonnier), mais immédiatement au-dessus : ce qui n'eut d'autre effet que de rendre ma marche pénible durant quelques jours. [1]

Je me remis enfin et ce qui m'y aida beaucoup, ce fut l'arrivée de notre cavalerie qu'on avait laissée, je ne sais pourquoi, à un quart de lieue en

[1] Mais comment se fait-il que la marque d'une blessure aussi légère se voie encore après un demi-siècle? En vérité, je ne le comprends pas, mais cela est ; et quand, par grand hasard, j'aperçois se dessiner cette petite étoile à cinq rayons, il m'est impossible, je l'avoue, de ne pas accorder un instant au souvenir de Waterloo.

arrière. Je vis se lancer au galop nos cuirassiers et nos lanciers, et fus témoin de la déconfiture qu'ils firent de ces dragons qui nous avaient si fort maltraités. Ils les détruisirent presque entièrement et les poursuivirent jusqu'à notre champ de bataille, d'où ils ramenèrent grand nombre de nos prisonniers.

C'était vers les trois heures qu'avait été définitivement repoussée la grande attaque de d'Erlon contre la gauche des Anglais, attaque dont Napoléon attendait de si importants résultats. Mais la lutte avait été acharnée, et les combattants des deux parts y avaient déployé une égale valeur. Le 1er corps se retirait avec une perte de 5,000 hommes, dont 2,000 prisonniers, mais les ennemis n'avaient pas moins souffert. Dans les combats d'infanterie livrés sur la crête, le général Picton avait été tué d'une balle au milieu de ses divisions décimées. Dans les combats de cavalerie entre les pentes du vallon, le général Ponsonby était tombé frappé de sept coups de lance ; [1] et, de ses douze cents dragons écossais dont la charge avait eu une

[1] Chose curieuse, il n'est pas, je crois, d'historien français qui, en racontant Waterloo, ne mentionne la mort du général Ponsonby sur le champ de bataille, et cependant il a survécu longtemps à cette journée ; il a raconté lui-même en Angleterre les incidents étranges qui marquèrent les douze heures pendant lesquelles il resta comme mourant au milieu des cadavres. Il fut successivement, et à plusieurs reprises, injurié, dépouillé, maltraité, consolé, secouru par des soldats amis et ennemis, prussiens, anglais et

efficace si terrible, sept à huit cents restèrent sur le champ de bataille.

Notre attaque échouée, la canonnade reprend avec violence à travers le vallon, entre la droite française et la gauche anglaise. Au centre, on se dispute encore la ferme de la Haie-sainte, et à notre extrême gauche, le château d'Hougoumont; les bataillons anglais et français viennent se fondre, pour ainsi dire, autour de ces deux positions.

Pendant ce temps, d'Erlon parvient à rallier ce qui reste de son corps, et à le pousser de nouveau sur les pentes ennemies. Notre division Marcognet, la plus maltraitée des quatre, ne comptait plus que quelques centaines d'hommes; cependant elle redescend vers les quatre heures dans le vallon, pour tâcher de ressaisir ce plateau d'où nous avons été si rudement précipités. Nous nous y rencontrons encore avec ces divisions anglaises que nous avons déjà combattues, et qui sont aussi affaiblies que nous. Aussi la lutte, dégénérée en combats de tirailleurs, se prolonge sans résultat de part ni d'autre; la question devait se décider ailleurs.

Il est près de cinq heures. C'est alors que se produisent sur ce champ de bataille, déjà arrosé de tant de sang, deux grands faits de guerre, qui,

français, et pour comble, le meilleur rôle appartiendrait encore aux derniers.—Son dramatique récit est rapporté par l'historien anglais Gleig, et a été reproduit dans *Paris after Waterloo* de J. Simpson, publié à Edimbourg en 1853.

malgré des chances diverses, annoncent et préparent la catastrophe. Ce sont, d'abord, ces prodigieuses charges de cavalerie que l'intrépide Ney ne cesse de lancer sur le plateau, pendant plus de deux heures, avec une persévérance inouïe.[1] — C'est en même temps l'arrivée de Bulow, qui vient jeter 30,000 hommes de troupes fraîches sur le flanc d'une armée déjà si éprouvée. C'est une nouvelle bataille qui commence, la bataille de Planchenois, où Napoléon, avec un moindre nombre d'hommes, y compris quelques bataillons de sa garde, parvient pourtant à arrêter, puis à repousser les Prussiens.

Cependant la grande bataille reste encore indécise, mais la crise suprême approche. Napoléon comprend que le moment est venu pour lui de vaincre ou de périr. Il prend sa vieille garde, sa dernière ressource, et s'avance avec elle vers ce terrible plateau, sur la pente duquel Ney maintient toujours, sous le feu meurtrier des ennemis, les restes mutilés de sa cavalerie. C'est encore lui, *le brave des braves*, qui va conduire à l'assaut ces vétérans des batailles que lui confie l'Empereur. Il marche à leur tête, l'épée à la main ; les boulets,

[1] « Le duc de Wellington m'a assuré lui-même, au congrès de « Vérone, qu'il n'avait jamais rien vu de plus admirable à la guerre, « que ces dix ou douze charges réitérées des cuirassiers français sur « les troupes de toute arme. » (*Précis historique et militaire*, etc., par le général Jomini.)

la mitraille criblent, mais ne font pas reculer les rangs serrés des bonnets à poil ; la charge bat toujours, les baïonnettes se croisent, les batteries et les bataillons qu'on leur oppose sont balayés par ces redoutables soldats. Qui les arrêtera?..

Mais la brigade des gardes anglaises est tout proche, cachée et à demi couchée dans un pli de terrain. La garde impériale l'ignore et avance toujours. Tout à coup se dresse devant elle, presque sous ses pieds, comme un mur rouge, d'où éclate une flamme de mousquèterie qui la foudroie. Ces Anglais d'élite se sont levés au commandement de Wellington, à cheval derrière leurs rangs. Il a crié : Debout, gardes, et visez juste! Il n'a été que trop obéi. La vieille garde hésite. [1]

Mais je m'arrête. Pourquoi essayerais-je puérilement de jouter avec les magistrales descriptions de MM. Quinet, Thiers et Charras, descriptions si émouvantes parce qu'elles sont vraies? C'est dans les pages des véritables historiens qu'il faut suivre des yeux et du cœur, ces luttes gigantesques qui apparaissent parfois dans le monde. Il est vrai que de telles luttes font gémir l'humanité, mais elles la consolent aussi et l'élèvent par la grandeur des intérêts, et souvent par celle des hommes qui s'y combattent.

[1] *Histoire de la campagne de* 1815, par Charras. Bruxelles, 1863, 4e édit., p. 307.

Mais descendons de ces hauteurs et revenons à mon modeste récit, car je dois encore vous dire quand et comment j'abandonnai le champ de bataille.

Pendant que la vieille garde s'apprêtait à son formidable assaut, Napoléon faisait annoncer dans toute l'armée l'arrivée de Grouchy et la certitude de la victoire. Cette nouvelle rallume partout l'enthousiasme; le corps à demi détruit de d'Erlon s'ébranle de nouveau, les cris de vive l'Empereur se répondent de la droite où nous sommes, à la gauche où la garde commence son attaque. Déjà les divisions Marcognet et Durutte couronnent le plateau. En ce moment (il était sept heures et demie), une masse énorme d'infanterie, de cavalerie et d'artillerie se précipite sur le champ de bataille. Qui est-ce qui nous apporte enfin l'arrêt de la destinée? — Hélas! ce n'est pas Grouchy! C'est Blucher et son armée.

Tout plie devant cette inondation d'ennemis. Plus d'espoir, plus de résistance. Nos divisions redescendent en confusion les pentes de la vallée. La cavalerie prussienne déborde de toute part. Nos soldats se croient trahis et se dispersent. Du corps de d'Erlon, il ne reste plus un seul bataillon, une seule compagnie en ordre; l'artillerie tout entière est aux mains de l'ennemi. C'est à qui fuira le plus vite et le plus loin. Je fais comme les autres.

Les autres corps se sont débandés en même

temps. La panique a gagné toute l'armée. Ce n'est plus qu'une masse confuse de fantassins, de cavaliers, de canons, qui se précipitent les uns sur les autres et roulent dans la plaine comme un torrent impétueux, à travers les escadrons prussiens qui les chargent, et devant les bataillons anglais qui descendent du plateau avec des cris de victoire. Seuls, quelques carrés de la garde, retenus par Napoléon au pied de la Belle-Alliance, demeurent immobiles comme des rochers dans une mer furieuse. Les flots de fuyards s'écoulent entre ces héroïques carrés, et bientôt les ennemis seuls les entourent. Alors ces redoutes vivantes sont démolies par la mitraille, et la résistance finit avec la vie.

La nuit se fait, l'heure avance, les combattants s'éloignent...—Bientôt le silence règne dans ces airs naguère si retentissants, et où semble maintenant planer seul le cri de la légende : LA GARDE MEURT ET NE SE REND PAS. [1]

[1] Il m'est impossible de ne pas m'arrêter ici sur ce mot célèbre, si discuté depuis quelques années. Déjà en 1838, dans le *Voyage d'un ex-officier,* j'avais rapporté une version beaucoup moins poétique de cette réponse consacrée; je la tenais d'un vieux camarade de Cambronne, qui, le retrouvant à Nantes, lui avait demandé la vérité sur ce point. Il paraîtrait que le général ne la lui avait pas confiée tout entière. Quoi qu'il en soit, je regrette, pour ma part, que la critique historique en soit arrivée à salir cette noble épitaphe de la vieille garde. Si les paroles sont légendaires, assurément le sentiment ne l'est pas ; or, il est très-beau et avait trouvé sa digne

A cette heure funèbre, j'étais déjà bien loin sur la route de Genappe, où il était pourtant fort difficile d'avancer, tant le désordre et l'encombrement y avaient déjà pris d'effrayantes proportions. Les voitures de toute espèce, les pièces et les caissons d'artillerie, les cavaliers encore montés, essayaient de forcer le passage au milieu de la foule épaisse des fuyards et des blessés, qu'ils renversaient et broyaient dans la boue. Les cris, les gémissements, les imprécations des uns, répondaient aux jurements et au sabre des autres; il y eut même des coups de fusil tirés: c'était comme une nouvelle bataille que se livraient entre eux les malheureux débris de notre armée. La confusion allait toujours en augmentant par l'arrivée des dernières troupes en fuite, et elle devint extrême au village de Genappe.

Comme il s'agissait là de traverser la Dyle, cette multitude, aveuglée par la nuit et la terreur et obéissant à une sorte de vertige, s'obstinait à se jeter tout entière sur un pont étroit, au bout d'une rue sinueuse, tandis qu'à quelques pas, à droite et à gauche, elle aurait pu s'écouler en masse et sans

expression. Qu'a-t-on gagné en la lui ôtant, pour l'envelopper dans le mot qu'on a dit et qu'on n'a pas craint d'appeler *le mot du siècle?* Le mot du siècle! Alors il en faut un second, la thèse et l'antithèse, selon la méthode hégélienne (qui ne me paraît pas complétement étrangère à tout ceci), et on doit ajouter au premier, celui que, selon Cambronne, lui répliqua l'officier anglais: MANGE! — En vérité, voilà un siècle bien loti; il n'était pas nécessaire d'être poëte pour trouver cette formule.

danger. Car la Dyle, en cet endroit, n'est qu'un cours d'eau qui prend sa source à deux lieues de là. Même après de grandes pluies, elle n'est un obstacle ni pour la cavalerie, ni pour l'infanterie; ses bords seuls en sont un pour les voitures.

C'était donc toujours le douloureux spectacle qu'avaient offert les déroutes précédentes; c'était aussi une image des scènes navrantes ou odieuses qui ont donné un si lugubre renom au pont de la Bérésina et à celui de Leipzig. Et cependant ce n'était encore que le commencement. Le désastre de Genappe devint plus effroyable à minuit, lorsque la cavalerie prussienne y ajouta ses fureurs, massacrant des hommes qui jetaient leurs armes et achevant les blessés. Cette poursuite de nuit, dont il n'y a pas d'exemple, dit-on, et que rendirent atroce les passions haineuses de l'époque entre Prussiens et Français, [1] ne s'arrêta qu'à deux heures du matin par la fatigue des hommes et des chevaux.

Je ne fus pas témoin des dernières horreurs de Genappe. Comme ce point se trouve à deux lieues du Mont-Saint-Jean, j'estime que j'avais dû l'atteindre vers les dix heures, et avoir ainsi une forte avance sur les Prussiens. Toutefois, ma marche étant rendue lente et pénible par mes blessures,

[1] L'avant-veille, à Ligny, le général Roguet avait réuni les officiers et sous-officiers d'un régiment de la garde, pour leur dire : Prévenez les grenadiers que le premier qui m'amènera un Prussien prisonnier, sera fusillé. (Charras, p. 165 et 318.)

je ne sais trop ce que je serais devenu au milieu des cruels embarras de la route, si un jeune sergent du bataillon, légèrement blessé aussi, ne s'était associé à ma retraite.

Il connaissait très-bien le pays (je crois même qu'il était Belge), et fut mon guide et mon pourvoyeur pendant les trois jours que nous cheminâmes ensemble. Sans lui, ma cuisine aurait été bien misérable, quoiqu'elle ne fût pas devenue très-confortable, car nous ne nous nourrissions guère qu'avec du pain et de l'eau, que nous ne trouvions pas même toujours, du moins le pain. Déjà à Genappe, il m'avait fait traverser la rivière en dehors du village, et, à mesure que nous avancions, il prenait fréquemment des sentiers qui nous faisaient éviter l'encombrement de la chaussée, et rendaient ainsi notre marche comparativement plus facile et plus prompte. Il craignait d'autant moins de s'égarer, que la lune, sortant d'entre les nuages, venait de temps en temps éclairer la campagne.

Il pouvait être aux environs de minuit, nous venions de dépasser les Quatre-Bras, et nous traversions un petit bois à côté de la route, lorsque nous vîmes briller un feu qui s'allumait dans une clairière proche de nous. En avançant de quelques pas, j'aperçois des grenadiers de la garde près de ce feu qu'ils alimentent. Je m'approche encore,... mais que vois-je en face de moi ! Napoléon debout, immobile, les bras croisés sur sa poitrine, et regardant vers Waterloo ! — Je m'arrête, saisi de respect et de douleur, puis je recule et me retire sans bruit, avec les mêmes précautions que si j'étais entré indûment dans son palais. Je fais signe à mon compagnon, demeuré un peu en arrière, et nous nous jetons entre les arbres pour poursuivre notre route, émus et ne sachant que penser d'une telle apparition.

Je vous ai raconté souvent cette merveilleuse rencontre, et vous savez l'opinion que j'en avais. Ce n'était, vous disais-je, qu'une hallucination de ma part, fort explicable dans la circonstance, ou tout au plus le déguisement d'un officier pour tromper ceux qui poursuivaient l'Empereur. J'avais toujours lu, en effet, que Napoléon, ayant quitté très-tard le champ de bataille, avait couru en toute hâte sur Paris ; d'où je concluais à l'impossibilité de l'avoir vu méditant près d'un feu. Mais depuis que j'ai mieux connu, par nos plus récents historiens, la situation et la marche, en partie à pied, de Napoléon durant cette nuit ; depuis surtout que j'ai su qu'avec quelques grenadiers de sa garde il avait fait précisément une halte vers les Quatre-Bras, je suis revenu à croire à la réalité de ma rencontre nocturne, et j'avoue que j'y suis revenu avec joie. Car je tiens pour un précieux privilége d'avoir vu, en un tel moment et en un tel lieu, cette grande figure historique fixant son regard sur l'horizon, et y lisant peut-être son avenir.

Nous arrivâmes le matin aux portes de Charleroi, mourant de faim, épuisés de fatigue, ayant fait sept à huit lieues après une longue bataille, et sans autre soulagement que de nous étendre de temps en temps sur la terre. Mais l'approche de la ville nous rendit le courage et les forces, nous comptions y trouver la fin de nos maux : avec la sécurité, l'abondance. Hélas! comme il est arrivé bien souvent en pareil cas, nous n'y trouvâmes qu'une amère déception.

Aux abords de la place, et jusque dans la ville, les fourgons, les chariots chargés de pain, de riz, de vin ou d'eau-de-vie, étaient renversés, brisés, et leur contenu répandu, gaspillé, foulé aux pieds dans les rues. Le trésor même de l'armée avait été violé, et des milliers d'hommes affamés, exaspérés, se disputaient à coups de sabre et de fusil l'argent et les vivres qui jonchaient le sol. C'étaient, dit un historien, les horreurs de Wilna aux portes de la France. Il fallut fuir ce lieu de pillage et de meurtres, et rentrer au plus vite dans le torrent de la déroute. [1]

[1] Pour terminer cette esquisse de la journée du 18 juin, j'indiquerai ici, d'après les documents officiels, les pertes subies, en tués ou blessés, par les trois armées qui combattirent à Waterloo.

L'armée française perdit de cette manière environ	25,000	hommes
(Non compris 7,000 prisonniers).		
L'armée anglaise et ses contingents continentaux	15,094	»
L'armée prussienne	6,990	»

Ainsi, plus de 47,000 hommes restèrent sur le champ de bataille.

Je m'arrêterai peu à vous peindre l'aspect de cette armée fuyant Waterloo, traversant éperdue la frontière française, et se répandant sur le pays comme une désastreuse inondation. Désastreuse en effet, car, outre que ces hommes en proie à tous les besoins ne trouvaient nulle part ni directions ni ressources préparées, l'absence de toute discipline avait déchaîné parmi eux les mauvais instincts, et les malheureux habitants des campagnes eurent beaucoup à en souffrir. Toutes les routes étaient couvertes de soldats marchant à la débandade, la plupart sans armes et un bâton à la main, et ne se gênant pas pour dire tout haut, surtout ceux des départements voisins, qu'ils en avaient assez et qu'ils retournaient chez eux.

C'est au milieu de cette tourbe peu attrayante que nous marchâmes, mon sergent et moi, pendant deux jours, pouvant à peine nous procurer la plus chétive nourriture, et bivouaquant la nuit où nous pouvions et comme nous pouvions ; le soir du 19, c'était autour de Beaumont, et le lendemain, autour de Maubeuge. Jeté si loin de mon pays, j'aurais bien voulu rencontrer un corps quelconque, armé et en ordre, auquel je pusse me rattacher, et je demandais sans cesse où se trouvait le point de réunion pour l'armée. Personne n'en savait rien ; celui-ci indiquait telle ville, celui-là telle autre. On ne voyait plus de généraux, et les commandants de place n'étaient pas plus avancés que nous ; ils se contentaient de nous assurer qu'on allait envoyer des renforts.

Enfin, le 21 au matin, je dus, à notre regret mutuel, me séparer de mon compagnon. Il se rendait à son village, situé près de là vers la frontière de la Belgique, si ce n'est dans la Belgique même. Il m'offrit bien de m'y conduire, mais qu'y aurais-je fait? Je me décidai à gagner Valenciennes, où, selon le dire de quelques-uns, l'armée allait se rallier. Après m'y être traîné péniblement, car j'avais de nouveau sept à huit lieues à faire, je me rendis, comme de coutume, chez le commandant de place, qui me dit absolument les mêmes choses que tous ses confrères; mais il me donna du moins un ordre de logement pour un village voisin. Il était déjà nuit lorsque j'y arrivai bien souffrant, bien harassé et bien découragé.

Je tombai chez de bons paysans qui ne me firent point mauvaise mine, et je me couchai aussitôt, car j'avais peine à me tenir debout. La femme de la maison pansa mes blessures, et cette nuit de repos me fit grand bien.

Le lendemain mes hôtes m'avertirent que tous les militaires arrivés avant moi, et depuis, repartaient immédiatement, et que personne n'attendait les prétendus renforts annoncés par le gouverneur. Que faire? Attendre les ennemis? Il eût été trop cruel de perdre la liberté, après avoir essuyé tant de dangers et de fatigues pour la sauver. On disait d'ailleurs que les prisonniers devaient être envoyés en Sibérie ou à Botany-Bay, et l'un ou l'autre de ces séjours me répugnait infiniment. D'autre part, je ne me sentais guère la force et le courage de me mettre si vite en route. J'allai aux renseignements, mais on ne savait rien de certain ; ce n'étaient que des bruits vagues et des on dit. Encore une fois, que faire? Je restai dans cette pénible anxiété durant toute la journée.

Le soir, mes bons paysans m'avertirent de nouveau qu'il fallait choisir : ou partir ou être pris. A les entendre, les Anglais n'étaient qu'à une lieue de là, et ne tarderaient pas à arriver. Je croyais bien que tout cela était exagéré, mais enfin il était probable que les ennemis se décideraient à entrer en France pour profiter de leur victoire. Je pris donc la résolution de partir cette nuit même ; puis je me couchai, et dormis jusqu'à deux heures du matin. Me sentant alors plus dispos, et par conséquent plus courageux, je saisis deux bâtons noueux en guise de béquilles, et me laissai conduire par le fils de la maison, qui me mit sur la route de Cambrai. C'étaient encore huit lieues à faire.

Il était près de quatre heures après midi, quand j'arrivai en vue de la ville. Alors, comme le soleil était ardent et la chaleur accablante, je me décidai à entrer dans un cabaret isolé sur la route, pour y troquer mes derniers sous contre une *canette* de bière. Je n'en avais pas bu la moitié, que la femme rentra tout effrayée, en criant : Voilà les ennemis! Je cherchais déjà des yeux où me fourrer; mais, réfléchissant qu'ils m'auraient bientôt trouvé, je pris bravement le parti d'aller sur la porte pour éclaircir mon sort. Bien m'en prit, car les ennemis n'étaient autres que quatre gardes nationaux, très-peu rassurés eux-mêmes, et qui me dirent qu'en effet les Anglais étaient au village voisin.

Là-dessus, laissant *ma* canette, je courus aussi lestement qu'il me fut possible, et j'entrai dans Cambrai au moment où on en fermait les portes.

CHAPITRE II

Cambrai et retour

Me voilà sur le pavé, fort embarrassé de ma personne. Je ne craignais plus les ennemis, point principal ; mais où aller? Faire le service de la place? Je ne le pouvais pas. Entrer à l'hôpital? Je savais trop bien ce qu'est un hôpital militaire, surtout après une retraite ; je ne voulais pas joindre un nouveau typhus à de légères blessures qu'un peu de repos allait guérir.

La pensée de demander asile aux personnes qui m'avaient si affectueusement reçu l'année précédente, se présentait naturellement à moi ; mais ma position à leur égard était bien changée, en partie par ma faute. A mon départ, on m'avait fait promettre d'écrire souvent, très-souvent, et je l'avais promis. Hélas! à cette fatale époque, ils attendaient encore ma première lettre. Je savais, en outre, que la famille entière était royaliste et des plus zélées. Comment me présenter devant elle après une négligence si impardonnable, et venant encore de servir *Bonaparte?* Il fallait de l'audace; la nécessité en donne, et je me déterminai à aller chez M. B***.

Je ne leur demanderai, me disais-je, qu'un coin dans leur grenier jusqu'au moment où j'aurai reçu des nouvelles de mon pays. Ce n'est pas une aumône que je sollicite, et je ne m'avilis pas en m'adressant à des gens qui m'avaient traité presque comme un fils, et qui m'accueilleraient peut-être encore comme l'enfant prodigue. Je réclame seulement un asile, et il m'est bien nécessaire, puisque je n'ai plus que cette ressource ou l'hôpital.

J'arrive donc et je frappe, assez peu rassuré par mes éloquents préparatifs. Je demande les maîtres de la maison. Le domestique qui me reconnaît répond que l'on est à dîner, mais que, si je le veux, il va m'annoncer. Les croyant seuls, j'accepte. La porte s'ouvre, j'entre,... et me voilà au milieu d'une nombreuse société, assise autour d'une table brillamment servie: on donnait à dîner ce jour-là. Je n'ai pas eu le temps de me reconnaître que j'entends crier: Eh! c'est lui, c'est lui! Et l'on m'embrasse, l'on me fait asseoir, et l'on veut que je mange, que je boive, que je parle, que je fasse tout à la fois.

Voyez-moi maintenant en capote déchirée, crotté jusqu'à l'échine, et pourtant entouré de jeunes dames qui s'empressent à me servir des meilleurs mets, à me verser des meilleurs vins, à moi qui tout à l'heure trempais une vieille croûte de pain dans un verre de mauvaise bière. Il y avait là de quoi croire à la magie ou à un rêve; j'étais troublé, on le serait à moins. Je finis pourtant par me remettre, et je pus raconter ce qu'on attendait de moi avec impatience, la bataille du 18 et ses résultats. Pendant mes descriptions, que je ne faisais pas riantes, certes, l'émotion de ces pauvres dames allait croissant; et de lever les yeux au ciel, et de joindre les mains, et de s'écrier : quelle horreur! Je noircissais encore mes tableaux, quand un coup de canon retentit subitement et fit trembler la maison, qui touchait au rempart. Jugez de l'effroi.

Mais, en vérité, j'ai l'air d'écrire un roman, et pourtant, je puis l'attester, je ne fais que raconter les choses telles qu'elles se sont passées. Je vais vous expliquer ce nouvel incident.

Pendant que nous étions à table, les Anglais avaient fait du chemin. Déjà ils étaient aux portes de la ville, déjà deux fois ils avaient sommé le gouverneur, mais ils ne faisaient pas tout cela sans bien connaître et la nullité des moyens de défense et l'esprit des habitants, qui les attendaient les bras ouverts parce que le roi était avec eux. Il était impossible, en effet, de défendre une place comme Cambrai avec deux ou trois cents gardes nationaux qui maniaient leur fusil comme une pioche, et dont plusieurs avaient la fièvre. L'artillerie n'était pas mieux montée ; quelques malheureux canons erraient sur les remparts comme des désespérés pour tâcher d'en imposer à l'ennemi, mais en vain. Malgré tant de désavantages, le gouverneur, pensant et agissant en brave homme, voulut du moins sauver l'honneur s'il ne pouvait sauver la place, et il tirait son premier coup de canon au moment où je racontais la bataille du Mont-Saint-Jean.

Tous les convives se lèvent et se hâtent de retourner dans leurs familles. Pour moi, impatient de me coucher, je me retirai aussi. M'embarrassant médiocrement des discussions du gouverneur et des Anglais, je m'occupais surtout du plaisir de reposer dans une belle chambre, et dans un lit bien supérieur à ceux que j'occupais depuis quelques jours. Il fallut pourtant attendre qu'on eût coupé mes bottes pour m'éviter la douleur de les tirer ; puis on me pansa avec soin, et cette nuit a été une des meilleures que j'aie jamais passées.

En m'éveillant, je ne trouvai plus mes vêtements militaires. A leur place, étaient étalés sur un fauteuil l'habit bleu céleste, le petit gilet de satin noir, un large pantalon à raies roses, des souliers, des guêtres, une fine chemise à jabot, tout ce qui pouvait rendre ma métamorphose complète ; on n'avait pas même oublié une belle canne, destinée à remplacer les bâtons noueux.

Dans la matinée, on proposa d'aller sur les fortifications, car on était alors en négociation, et pas une femme de la ville, disait-on, qui ne voulût voir le siége. C'était vraiment un siége pour rire (j'avais de la chance à cet égard), et messieurs les Anglais auraient été de bien mauvaise humeur, s'ils avaient tiré sur des remparts qui étaient devenus comme des loges de spectacle. Aussi s'en gardèrent-ils bien; ils laissèrent la ville tirer de temps en temps toute seule; il est vrai que cela n'était pas bien dangereux, car je ne crois pas qu'on leur ait tué personne. La journée s'écoulait ainsi alternativement à parlementer et à tirer.

Vers le soir, lord Wellington ayant résolu de finir la comédie par représenter un assaut, voulut disposer encore davantage les habitants à se rendre en les effrayant un peu. A cet effet, il fit jeter quelques obus dans les fortifications, et il devint alors plaisant de voir spectateurs et spectatrices dégringoler à qui mieux mieux, à la vue des cabrioles de ces projectiles inoffensifs. Mais bientôt, quel surcroît de frayeur! Un tourbillon de flammes s'élève du côté de la citadelle et semble vouloir dévorer la ville;... c'était une meule de foin qui brûlait dans le fossé.

Cet incendie fit déborder la colère de la population, qui bouillonnait depuis longtemps. Les femmes de la halle se rassemblent (elles attaquent toujours les premières, ce sont les troupes légères des bourgeois); elles courent en foule devant le logement du gouverneur, lui cassent ses vitres, demandent les clefs de la ville ou sa tête. La confusion est partout; quelques-uns crient : vive l'Empereur; la masse répond : vive le Roi.

En ce moment, des coups de fusil se font entendre; ce sont les Anglais qui montent à l'assaut. Nos poissardes se précipitent sur les remparts, en chassent quelques gardes nationaux qui venaient de tirer, et les obligent à se sauver. Eux qui ne demandaient pas mieux, vont paisiblement s'enfermer dans la citadelle avec le gouverneur. Aussitôt nos guerrières tirent les Anglais par le collet et par la manche pour les faire entrer plus vite; les voilà qui les embrassent, qui les emmènent en triomphe dans la ville, où les bourgeois se disputent à qui les fera boire le plus. On va ouvrir les portes, baisser les ponts-levis, introduire le reste des ennemis, le gouverneur se rend;... et c'est ainsi que finit ce siége, unique, je crois, dans son genre.[1]

Le lendemain, Louis XVIII fit son entrée dans Cambrai, aux acclamations de tout le peuple qui

[1] Le récit de ce *siége* appartient surtout au jeune officier (on a pu s'en douter); mais il me paraît qu'il se plaît beaucoup trop à amoindrir ce qui s'y passa et ce qu'il ne pouvait voir, du reste, que fort imparfaitement. Il faut, par exemple, qu'il ait été bien mal informé de ce qu'il coûta aux Anglais, puisque, selon Charras, Wellington perdit trente ou quarante hommes en cette occasion.

se portait en foule au devant de lui. Il était escorté par les caricatures les plus plaisantes : des chapeaux en tourne-vis, des habits qui finissaient aux talons, de grands gilets de futaine avec des guêtres en cuir, tel était en général le costume imposant des *voltigeurs de Louis XIV*. Ces braves gens étaient pour la plupart des hoberaux de campagne qui venaient de quitter leurs vieux nids, et s'empressaient autour du roi depuis qu'ils le voyaient en chemin de remonter sur son trône. Plusieurs, quoique sans épée, portaient de petites épaulettes à bouillons d'or, retrouvées je ne sais où, et il fallait voir avec quelle constance admirable ils se tordaient le cou, pour s'assurer que ces pattes d'écrevisse étaient toujours sur leurs épaules. Du reste, ils n'étaient pas fiers ; le même jour, ils se promenaient affablement dans les rues en mangeant des cerises dans leur mouchoir.[1]

M. B*** fut présenté au roi comme un de ses plus zélés serviteurs. Son fils fut chargé d'une mission particulière pour la reddition de Douai, et désigné ensuite pour accompagner le comte d'Olonne en qualité de secrétaire : distinctions qui pensèrent faire tourner la tête à son père, de plaisir et de joie.

[1] C'est un bonapartiste qui parle, cela se voit assez. Il attribue méchamment à la généralité de ces vénérables voltigeurs, un costume et des allures qui n'appartenaient qu'à un bien petit nombre d'entre eux. Voilà où mène l'esprit de parti.

Cependant la cour résidait à Cambrai, et nous avions en conséquence plusieurs officiers supérieurs à la maison. Le comte Bordesoulle, général de cavalerie; le fils du maréchal Oudinot, colonel de hussards,[1] jeune homme de mon âge qui avait suivi le roi; enfin deux aides-de-camp des princes; tous chamarrés d'ordres et de broderies, et pourtant très-aimables.

J'avais l'honneur de manger tous les jours avec ces messieurs, non pas comme un des héros du 18, mais comme ami de M. B***. Je croyais que mon passé leur était parfaitement inconnu, quand un matin, le colonel Oudinot me tirant à part, me dit : Ah ! ça, pour qui nous prenez-vous ? Croyez-vous que nous ne sachions pas d'où vous venez, et croyez-vous que nous vous en voulons pour cela ? Nous ne sommes pas des ogres. Faut-il vous dire que celui qui vous parle a suivi le roi par devoir, et que, par inclination, il aurait peut-être été autre part ? Au reste, tout est bien fini maintenant. Croyez-moi, M. de St***, prenez du service avec nous, et nous vous donnerons un coup d'épaule.

Le général Bordesoulle me parla à peu près de la même manière, et m'offrit de me présenter au ministre de la guerre. Il n'y eut pas jusqu'à un ancien bénédictin qui ne se mêlât de m'exhorter.

[1] En 1849, il commandait l'armée française au siége de Rome.

C'était un bon et respectable vieillard, ami de la maison, et avec qui j'avais fait connaissance dès l'année précédente. On l'appelait le prieur Cani; il avait été précepteur ou professeur du duc de Feltre, qui l'avait fort bien accueilli, quoique devenu ministre, et auquel il voulait aussi me présenter. Je refusai obstinément. Je n'avais, à vrai dire, aucun penchant à servir les Bourbons, mais, en tout cas, une raison péremptoire m'empêchait d'y songer un seul instant: c'était précisément le nom que venait de me donner le colonel Oudinot. « Sans cela, s'écrie ici notre officier en terminant « sa relation, sans cela, que fût-il arrivé de moi « dans l'avenir? Ai-je manqué ma fortune?... »

Pas le moins du monde, répondrai-je au jeune écrivain avec toute l'autorité que me donne sur lui l'expérience d'un demi-siècle de plus, pas le moins du monde! Fussiez-vous entré dans les gardes-du-corps, ainsi qu'on vous le proposait, vous n'aviez rien de ce qu'il fallait pour réussir, et bientôt oublié, vous n'auriez pu qu'y végéter pendant quelques mois. Votre nom emprunté vous a donc sauvé d'une sottise; c'est la première fois qu'une mauvaise racine a produit un bon fruit, soyez-en reconnaissant.

Mais je touche à la fin de mon histoire militaire, et il ne me reste plus qu'à vous en esquisser les derniers linéaments. Ce ne sera pas bien long.

Je demeurais depuis plusieurs jours chez M. B***, plus confortablement traité que je ne l'eusse voulu, car j'éprouvais un certain malaise à l'idée d'abuser de l'hospitalité de cette aimable famille, si éloignée qu'elle fût de me le faire sentir. Le remède eut été sans doute de partir immédiatement pour Genève, mais on ne voulait pas en entendre parler, et on me démontrait qu'un tel retour en ce moment serait une haute imprudence, si ce n'est même une impossibilité. Comment imaginer, me disait-on, que vous pourriez faire sans encombre 150 lieues dans un pays occupé par les troupes alliées, à travers des administrations locales malveillantes et soupçonneuses, vous, militaire isolé, sans position reconnue et sans papiers suffisants? Vous seriez exposé à toute sorte d'avanies, et très-probablement arrêté. — Il fallait bien se rendre à l'évidence.

Je sentais d'ailleurs de la répugnance à rentrer au pays presque en déserteur, ou du moins dans une situation fort irrégulière et qui pouvait jeter du louche sur mon passé. Heureusement qu'un moyen terme s'offrit alors, et je me hâtai d'en profiter. Le comte d'Olonne, en sa qualité de commandant du département du Nord, reçut la mission de former à Cambrai un corps d'*officiers sans troupe*. J'y fus inscrit par l'entremise de son secrétaire, mon jeune ami, et je trouvai ainsi une position officielle et une solde, en attendant de pouvoir partir. Peu de jours après, ce corps fut transféré à Arras, sous le nom de *1re légion départementale du Pas de Calais,* et je dus le suivre. Ce ne fut pas, on peut le croire, sans témoigner ma plus vive reconnaissance à qui je la devais si bien.

Ce corps d'officiers sans troupe était comme une tente dressée pour y recueillir, provisoirement, les nombreux officiers qui avaient abandonné leurs régiments pour suivre le roi, à ce qu'ils disaient. On finit même par y admettre quelques-uns de ceux qui erraient dans le pays depuis la dispersion de Waterloo; ceux-ci étaient inscrits avec la formule : *a rejoint le roi, le 18 juin*, et on savait ce que cela voulait dire.

Dans de telles conditions, ce rassemblement présentait inévitablement des éléments fort bigarrés et qui n'étaient pas toujours très-purs. Le zèle royaliste servait parfois à couvrir des antécédents douteux et une conduite peu édifiante, ainsi que je m'en aperçus durant les trois mois que je vécus dans ce milieu. Ce qui nous manquait le moins, c'étaient les titres nobiliaires plus ou moins authentiques. Parmi les signatures dont sont revêtus mes états de service dans ce corps, je trouve, par exemple, celle du *chevalier d'Acestry de Sainte Colombe,* dont je n'ai aucun mal à dire, tout au contraire, si ce n'est que sa noblesse me semblait être de même famille que la mienne, quoique un peu plus mystique; en quoi je me trompais peut-être complétement, car je n'avais d'autre motif de défiance que ma propre usurpation, qui me poursuivait sans cesse comme le fantôme de lady Macbeth.

Du reste, il n'était pas difficile de rencontrer dans ce corps des hommes très-honorables. Je m'étais particulièrement lié avec deux officiers de mon âge : Van Alstein, jeune Belge qui avait suivi le roi depuis Gand, et Cyr de Goussencourt, dont la famille avait émigré de bonne heure en Angleterre. Elevé dans ce pays, il avait servi ensuite en Espagne sous Wellington. Nous logions ensemble et formions ainsi un groupe de trois jeunes nobles, dont deux du moins étaient véritables. Mince et pâle, Cyr de Goussencourt n'était pas physiquement à la hauteur des preux ses ancêtres, mais il les valait, pour le moins, moralement. Droit, loyal, chevaleresque, il était de plus si parfaitement bon, qu'il surpassait certainement sous ce rapport tous les barons féodaux de sa race.

Je vous parle de lui, parce qu'il est un exemple de la perversion que l'esprit du siècle peut exercer sur les êtres les mieux gardés. Voici un jeune homme élevé dans les principes de la plus stricte aristocratie, ayant pénétré en ennemi dans la France révolutionnaire, et tenant beaucoup à son nom, j'en suis convaincu. Eh bien, il se donnait les airs de faire fi de la naissance et d'adorer l'égalité. Il le fit bien voir, lorsque je ne sais quel ministre, ou administrateur des bureaux de la guerre, eut la bizarre idée d'envoyer des états à signer par tous les officiers de nos régiments provisoires, avec une colonne où chacun d'eux devait indiquer la profession de son père. De Goussencourt signa, et il mît pour la profession du sien : *balayeur de rues*. Il ne risquait rien, c'est évident ; mais il fut imité par d'autres, et cela contribua peut-être à faire tomber dans le ridicule qu'elle méritait la sotte colonne dont il s'agit.

Une fois reconnu dans les cadres de la nouvelle légion, je travaillai à atteindre le but principal qui m'y avait fait entrer, savoir : d'établir d'une manière légale et, si possible, définitive, ma situation militaire. En conséquence, je demandai au ministre de la guerre, en premier lieu : d'être réformé comme étranger ; puis, aux termes d'une récente ordonnance royale, de jouir des quatre cinquièmes de ma solde durant trois années.

Ces réclamations, parfaitement légitimes, ne pouvaient soulever aucune difficulté ; mais, grâce aux lenteurs administratives et peut-être à l'encombrement momentané des bureaux, elles mirent près de trois mois à aboutir. Ce ne fut que le 29 septembre, que je reçus mon congé de réforme tel que je l'avais demandé. Par une rencontre singulière et qui me fut peu agréable, cette pièce se trouve signée par ce même comte de Bourmont qui nous avait quittés le 15 juin pour passer à l'ennemi ; il était alors gouverneur de la 16me division militaire.

Lorsque je me vis complétement en règle, maître absolu de mon temps, et muni d'un passeport qui m'assurait tous les droits d'un militaire en route, je fus pris d'une irrésistible envie d'effectuer mon retour en soldat, c'est-à-dire à pied et logeant au besoin chez le bourgeois. Ce n'est pas seulement l'agréable souvenir que j'avais conservé de mes premiers voyages dans des conditions analogues qui m'inspira si fortement ce désir, c'était aussi la perspective de faire ainsi, mieux que de toute autre manière, ample connaissance avec le pays et ses habitants, ce qui rentrait tout à fait dans mes goûts.

Je me mis donc en route pédestrement et en modeste officier retraité, m'accordant parfois une journée de voiture ou séjournant dans telle localité, suivant les circonstances, la nature de la contrée, ou l'insistance de quelques-uns de mes hôtes temporaires, qui, se plaisant à causer avec un soldat de l'Empereur, s'efforçaient de le retenir. Trois semaines furent employées à parcourir de cette façon, avec un vif intérêt, les 150 lieues qui me séparaient de Genève; et ainsi, mon dernier voyage militaire réalisa toutes mes espérances et s'accomplit sans aucune espèce d'encombre, sauf l'échauffourée de Laon.

C'était un dimanche, je venais de toucher à la municipalité mon indemnité de route, et je marchais au milieu de la grande rue, bordée en ce moment d'un grand nombre de Prussiens qui se tenaient assis des deux côtés et semblaient attendre des ordres, car ils étaient armés et en tenue. C'étaient tous de très-jeunes gens, des élèves des Universités, j'imagine, et par conséquent plus exaltés que les autres. Certes, je ne baissais pas les yeux, je respectais trop mon uniforme pour cela, mais je ne disais rien.

Il paraît que mon air déplut à ces messieurs, car ils m'adressaient presque tous l'épithète de *Schlimm Kerl.* [1] Je savais assez d'allemand pour ne pas prendre ces mots pour un compliment, et je finis par y répondre dans un langage aussi peu parlementaire. Tas de canailles, m'écriai-je, vous m'insultez parce que vous êtes des centaines; si je vous tenais tête à tête, vous vous tairiez. — Peuh!.. on eût dit que j'avais fourré un bâton dans un nid de guêpes. Ils se levèrent furieux et dans une telle excitation, que je ne sais trop ce qui me serait arrivé en ce temps de haine nationale, si un officier-général n'était accouru au grand galop et ne m'eût sauvé, en criant en allemand : Le roi, le roi! Aux armes et en rangs, voici le roi! Tous obéirent aussitôt.

Du reste, cet officier ne songeait nullement à moi et ne savait pas même que j'existasse; il venait réellement appeler ce bataillon à aller au devant du roi de Prusse, dont la voiture s'apercevait déjà au bas de la longue et large rampe qui descend de Laon dans la plaine. Quoi qu'il en soit, j'eus la joie de voir ce bataillon de Prussiens enragés cou-

[1] Mauvais coquin.

rir à toutes jambes devant moi, et je restai ainsi seul maître du terrain, malgré la disproportion du nombre. Je ne pouvais terminer plus glorieusement ma carrière militaire.

Arrivé à Genève vers la fin d'octobre, et après les doux embrassements de la famille, savez-vous quelle fut une des premières visites que j'eus hâte de faire dans notre chère cité? Ce fut à la cour du collége. Elle était déserte en ce moment, mais, appuyé contre la grille, je contemplai longtemps avec émotion ce théâtre toujours aimé des joies, des peines, des amitiés, des aspirations de mon jeune âge. Je suivais ainsi par la pensée les phases successives de la vie intérieure et extérieure d'un écolier, le développement graduel de ses idées et de son imagination, et surtout les rêves, les rêves séduisants qu'il faisait sur son avenir.

Parmi ces rêves, deux ambitions assez hétérogènes m'avaient toujours dominé : devenir maréchal de France ou professeur à l'Académie de Genève. Je n'ai été ni l'un ni l'autre, vous le savez, et il a bien fallu m'en consoler. Au reste, j'y suis si bien parvenu, que, si l'on m'offrait maintenant l'une ou l'autre de ces deux places, je remercierais sans doute, mais je refuserais.

C'est grâce aux puissantes impressions du premier âge, que je pus me retrouver digne de la patrie qui nous était rendue et y rentrer pleinement Genevois, malgré mes trois années de service étranger. J'avais quatre ans (en 1798), quand je fus fait Français sans mon consentement, comme tant d'autres, et ce moment est resté, si ce n'est le plus ancien, au moins le plus profond de mes souvenirs d'enfance.

C'était le 15 avril. Nos fenêtres donnaient sur la grande place du Bourg-de-Four, où toutes les maisons étaient hermétiquement closes et où pas un habitant ne se montrait. Cachés comme les autres derrière nos volets fermés, nous regardions défiler cette armée française qui envahissait la ville en pleine paix, et se rangeait en lignes épaisses autour de la place. Ces uniformes, ces armes brillantes, ces chapeaux à plumets rouges m'auraient donné l'idée d'une fête, si la sombre tristesse de mon père, ses mornes regards et la larme qui descendait le long de sa joue, ne m'eussent révélé que c'était un jour de deuil.

Né dans les Cévennes, et baptisé *au désert* en 1744, mon père était venu fort jeune à Genève pour cause de religion, et un séjour de quarante années en avait fait un vrai citoyen du pays. Aussi, toute son attitude disait avec quel sentiment il assistait aux funérailles de sa mère adoptive, cette République qui possédait son cœur. — A dater de ce jour, je me sentis Genevois.

D'ailleurs, Genève conquise conserva par bonheur ses antiques institutions ecclésiastiques et scolaires, et j'y reçus, comme tous mes condisciples, cette ineffaçable empreinte que, depuis Calvin, elles savaient imprimer aux jeunes âmes. Tous les enfants qui entraient sous cette religieuse et forte discipline, fussent-ils nouveaux venus dans le pays, en sortaient irrémissiblement *vieux genevois,* avec tous les mérites et les démérites que comporte ce titre.

Je parle de ce qui avait lieu autrefois, et au commencement de ce siècle. En est-il de même à présent? Je crains que non. Si une liqueur généreuse, contenue dans un très-petit vase, est versée dans un grand vase de liquide étranger, et que son possesseur s'étudie encore à la secouer violemment pour en assurer le mélange, la liqueur première perdra infailliblement sa saveur et sa puissance.

Mais c'est ici que prend fin l'histoire que vous m'avez demandée.

Et maintenant, que pensez-vous de mes récits et de la forme que je leur ai donnée? (Car pour le fond, vous le connaissiez déjà).

Sans doute, il m'est arrivé parfois de raconter tels ou tels incidents avec le sourire sur les lèvres, mais je sais que vous ne verrez point là un contraste choquant avec ma vocation actuelle. Un peu d'enjouement ou quelques traits humoristiques, ne sont pas incompatibles avec la foi chrétienne.

Sur ce dernier point, peut-être, vous serez tentés de reprocher à l'ex-officier d'assez grandes lacunes. Certes, il m'eût été facile et doux de me présenter avec toutes les convictions qui font à présent, et depuis longtemps, grâce à Dieu, ma force et ma joie; mais j'avais pris la ferme résolution de me peindre, sous ce rapport comme sous tous les autres, non point tel que je suis, mais tel que j'étais à cette époque de ma vie. — Faire autrement, m'eût semblé manquer de droiture et entacher mes récits de quelque fausseté.

J'ai voulu me maintenir pleinement le droit de répéter, en terminant cette histoire, le mot que je citais en la commençant: *Cecy est ung livre de bonne foy.*

PIÈCES JUSTIFICATIVES

PIÈCES JUSTIFICATIVES

Sous ce titre pourraient trouver place plusieurs des pièces officielles mentionnées dans le cours du récit, mais je me contenterai de mettre sous vos yeux celles qui me parvinrent à Genève, à ma très-grande surprise, six mois après mon retour. Si j'avais pu me douter à Cambrai que je recevrais ainsi des documents qui établiraient si bien ma position, mes antécédents et mes droits, je me serais dispensé de me mêler aux *officiers sans troupe*, ou du moins, je les aurais quittés plus vite. Mais où et à qui m'adresser pour obtenir de telles attestations? Tous nos anciens régiments étaient anéantis ou honnis, et on ne savait pas même où les prendre. Notre régiment n'était plus qu'une ombre, reléguée avec d'autres ombres parmi les *brigands de la Loire*, ainsi qu'on appelait alors les tristes restes de l'armée de Waterloo. Comment imaginer que son Conseil d'administration lui survivrait, et vouerait encore des soins paternels, même aux officiers *disparus?*

Voici pourtant la lettre que mon colonel adressa à *M. le Maire de Genève, département du Léman.* (Il n'était pas fort au courant des nouvelles dénominations politiques.)

Airvaux (Deux-Sèvres), le 3 Mars 1816.

MONSIEUR LE MAIRE,

Les événements survenus en France à l'ex-45e régiment,[1] dans la journée du 18 juin 1815, aux affaires du Mont-Saint-Jean, ont fait disparaître M.***, natif de votre ville, lieutenant à l'ex-45e.

Comme il revient de la solde arriérée et plusieurs gratifications à cet officier, nous avons dressé à cet effet toutes les pièces nécessaires, mais personne, autre que M.*** ou ses parents héritiers, ne peut faire valoir ces pièces, ni en toucher le montant qui est assez considérable. Nous vous prions, Monsieur le Maire, de faire avertir la famille de M. *** de s'adresser à nous, pour obtenir les pièces dont il est fait mention d'autre part.

Nous avons l'honneur d'être, etc.

Pour le Conseil d'administration de l'ex-45e regiment,

Le colonel CHAPUZET.

[1] J'ai oublié de dire que le 42e avait repris le nom de 45e, au retour de Napoléon.

Je répondis immédiatement à cette lettre, et je reçus bientôt, avec toutes les pièces comptables annoncées, une pièce qui me toucha plus encore, savoir : mes *Etats de service*, qui avaient été préparés malgré mon absence et signés à Airvaux, le 15 février 1816.

Après l'indication des diverses positions militaires que j'avais occupées depuis mon entrée à l'Ecole de Saint-Cyr jusqu'à mon incorporation au 42me régiment, la pièce officielle se bifurque en deux cases, intitulées : l'une *actions*, l'autre *blessures*.

La première renferme la transcription suivante : « Le Conseil d'administration du 42me régiment rend « témoignage aux bonne vie et mœurs de M. ***, « principalement à la conduite guerrière qu'il a « tenue dans toutes les affaires où s'est trouvé le « 154me régiment, surtout dans les batailles de Bautzen et de Leipzig, en 1813.

« Extrait du registre des officiers du 42me régiment, et certifié conforme, etc. »

La seconde case ne contient que ces mots : « Présumé prisonnier de guerre au Mont-Saint-Jean, le « 18 juin 1815. »

Si j'ai dû laisser voir dans mes récits guerriers que j'étais fort loin d'être un héros, je tiens aussi à vous montrer que votre ami n'avait pourtant pas eu à rougir de sa conduite au feu. C'est le but de ma citation.

TABLE

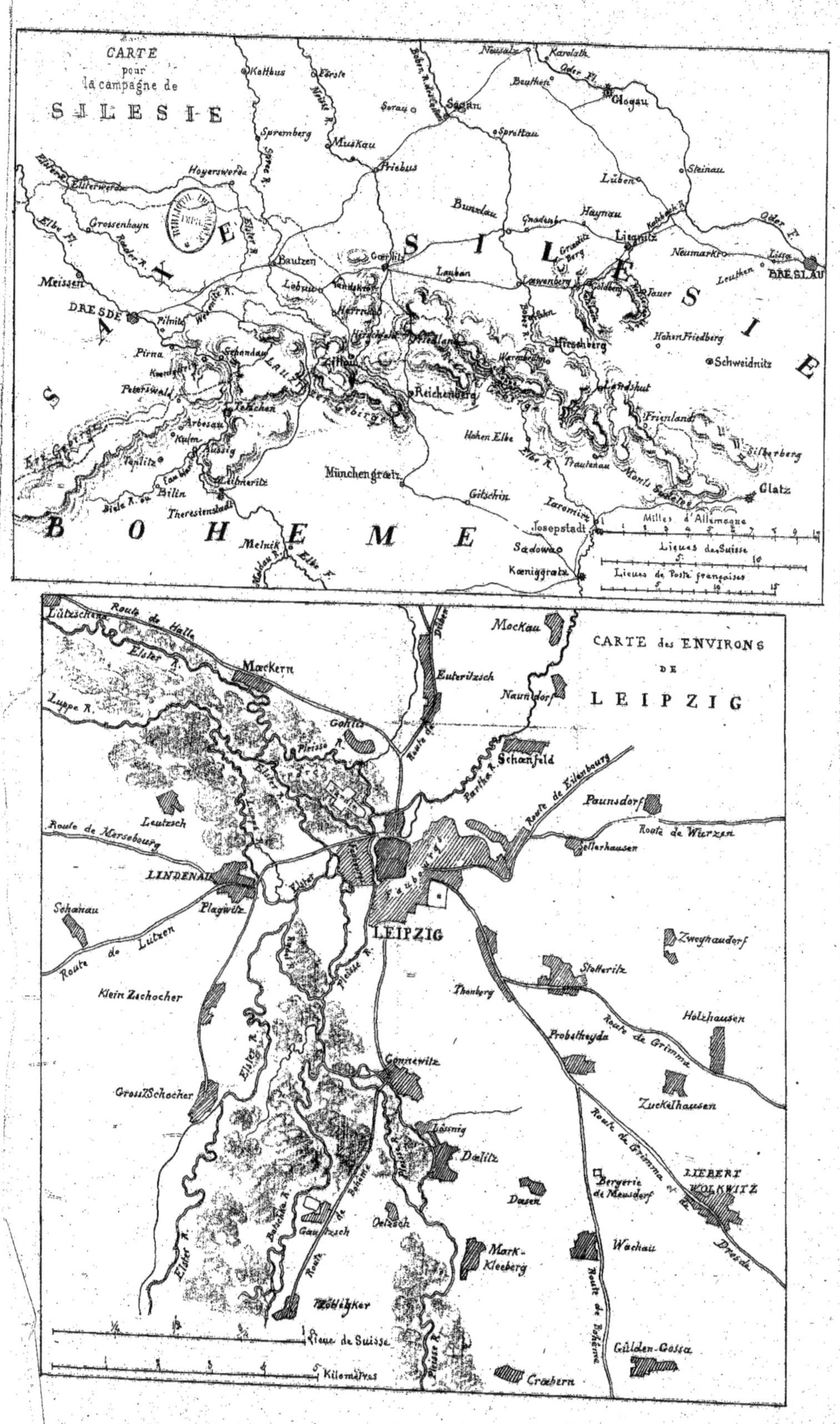
CARTE pour la campagne de SILESIE
SAXE
SILESIE
BOHEME
Glogau
Sagan
Sorau
Priebus
Muskau
Spremberg
Hoyerswerda
Bunzlau
Lüben
Steinau
Haynau
Liegnitz
Neumarkt
Lissa
BRESLAU
Leuthen
Jauer
Goldberg
Lœwenberg
Lauban
Gœrlitz
Bautzen
Grossenhayn
Meissen
DRESDE
Pirna
Schandau
Zittau
Reichenberg
Hirschberg
Landshut
Schweidnitz
Hohen Friedberg
Glatz
Silberberg
Trautenau
Hohen Elbe
Münchengrætz
Gitschin
Josepstadt
Sadowa
Kœniggratz
Melnik
Theresienstadt
Leitmeritz
Aussig
Kulm
Arbesau
Teplitz
Bilin
Peterswald
Elbe Fl.
Oder Fl.
Milles d'Allemagne
Lieues de Suisse
Lieues de Poste françaises
CARTE des ENVIRONS DE LEIPZIG
Lützschena
Route de Halle
Mœckern
Mockau
Euteritzsch
Naundorf
Gohlis
Schœnfeld
Route de Eilenbourg
Paunsdorf
Route de Wurzen
Sellerhausen
Leutzsch
Route de Merseboug
LINDENAU
Plagwitz
Schœnau
Route de Lützen
LEIPZIG
Zweynaudorf
Stotteritz
Thonberg
Klein Zschocher
Holzhausen
Probstheyda
Route de Grimma
Connewitz
Zuckelhausen
Gross Zschocher
Lössnig
Dœlitz
Dœsen
Bergerie de Meusdorf
LIEBERT WOLKWITZ
Gautzsch
Oetzsch
Mark-Kleeberg
Wachau
Route de Bohême
Gülden-Gossa
Crœbern
Lieue de Suisse
Kilomètres

www.ingramcontent.com/pod-product-compliance
Lightning Source LLC
LaVergne TN
LVHW020539230826
846091LV00002B/325

9782019137830